JN410022

박영찬 고은아의 **휴먼포인트**

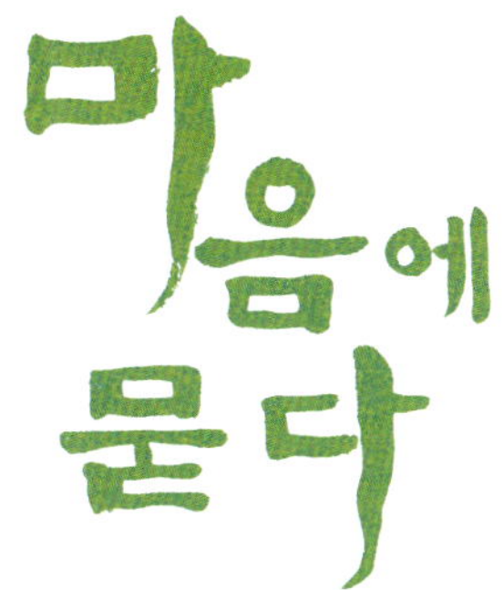

BigA
BigApple
도서출판 **빅애플**

Prologue

필 것 같지 않은 나무에 꽃을 피우기 위해

앞이 보이지 않을 것 같은 일도 지나고 나면 해결이 되고, 잘 될 거라 생각해야 좋은 일이 생긴다는 믿음은 누구나 살아오면서 한번쯤은 간직했으리라. 어느 날 우연히 본 요한 볼프강 폰 괴테(Johann Wolfgang von Goethe)의 말 한마디는 가슴에 새로운 희망을 솟아나게 하였다.

"운명이 겨울철 과일나무 같이 보일 때가 있다.
나뭇가지에 꽃이 필 것 같지 않아 보여도,
그렇게 되기를 소망하고 또 그렇게 된다는 것을 알고 있지 않는가?"

이 책을 쓰면서 인의예지신(仁義禮智信) 중에 믿을 신(信)이 으뜸이라는 생각이 간절히 났다. 세상을 살면서 누구를 믿고 안 믿고를 떠나 중요한 건 스스로에 대한 약속과 믿음이다. 리더십 강사가 리더십이 안 되고, 인간관계 전문가가 인간관계가 안 되고, 행복전문가가 정작 자신은 행복하지 못하고, 커뮤니케이션 전문가가 소통이 아닌 대화와 타협을 불허하는 일방적 지시로 불통이 되는 아이러니한 상황에 직면하는 경우가 때론 많다. 그만큼 인간관계가 힘들고 성공의 85%가 인간관계에 달려있다는 말까지 나오게 된 계기가 아닐까.

필자 또한 리더십 커뮤니케이션 전문교수로 활동하면서 냉정한 현실 속에선 사람들의 비평도 받고 오해 아닌 오해도 받으면서 살아가지만, 중요한 건 누구에게 의지할 게 아니라 글도 말도 행동도 스스로의 경험에 의해 깨우치고 믿음으로 실력과 인품을 갖춰 세상이란 무대에 나설 때 그것이 세상과 소통하는 길이란 것이다.

믿을 신(信)

타인을 의심하거나 믿지 못함에서 오는 좌절감에서 벗어나는 유일한 힘이 바로 강력한 믿음과 실천이다. 필 것 같지 않은 나무에 희망을 불어 넣으면 아름답고 우아한 꽃이 피어나 존재하리라 확신해 본다.

지난 5개월간 180여 편 이상의 시와 짧은 힐링에세이를 쓰면서 집중력을 발휘한 스스로의 믿음에 대한 소중한 글들과 세계적인 베스트셀러인 '카네기 인간관계론'에 나오는 30가지 원칙을 SNS시대에 맞춰 재해석한 인간관계의 핵심포인트를 곁들어 드디어 〈박영찬 고은아의 휴먼포인트 – 마음에 묻다〉라는 이름으로 세상에 나올 수 있게 되어 정말 기쁘다.

이 모든 것들은 스스로에 대한 믿음과 누구의 힘에 의지한 것이 아니라, 우리 두 사람의 믿음에 의해 쓰여 지고 다듬어진 완성된 글로 책으로 엮어져 세상 사람들과 공유할 수 있다는 점이 새로운 희망으로 다가온다.

어느 평화로운 날 뱃사공이 젓는 배에 문학박사, 철학박사가 함께 타고 있었다.
한참 노를 저어 바다로 나아갈 때 갑자기 문학박사가 뱃사공에게 질문을 했다.
"사공이시여, 당신은 문학에 대해 얼마나 알고 있습니까?"
"박사님! 저는 문학에 대해 잘 모릅니다." 이 대답을 들은 문학박사가 그에게 말하길,
"사공이시여, 당신은 인생의 1/3을 잃어버리고 살고 있군요."
그러자 옆에 있던 철학박사가 사공에게 질문을 했다.
"사공이시여, 당신은 철학에 대해 알고 있습니까?"
"박사님! 문학도 잘 모르는데 그 어려운 철학을 제가 어떻게 알겠습니까?"
이 답변을 들은 철학박사가 말하길,
"사공이시여, 당신은 인생의 2/3를 잃어버리고 살고 있군요."
한참을 가자 배에 난 작은 구멍을 통해 많은 물이 들어오기 시작했다.
이 때 사공이 문학박사와 철학박사에게 질문을 했다.
"박사님들! 혹시 수영할 줄 아시나요?"
두 박사가 대답하길, "우리는 수영할 줄 모릅니다."
그러자 사공은 그 두 분에게 이렇게 말했다.
"박사님들! 이제 두 분은 인생의 전부를 잃게 생겼습니다."

빠르게 변화하는 이 시기에 우리에게 필요한 것은 무엇일까?
삶에 대한 지식도 중요하지만 그것을 지혜롭게 활용할 수 있는 실제적인 삶의 공부가 더욱 필요하지 않을까? 공동저자 두 사람의 인생경험이 곁들인 글들이 세상에 빛을 발할 수 있게 해준 도서출판 빅애플사의 박영숙 이사님께 진심으로 감사드린다.

이 책은 크게 다섯 장으로 구성되어 있다.
제1장은 정신공부, 제2장은 마음 다스리기, 제3장은 몸으로 깨닫기, 제4장은 세상과 소통하기, 제5장은 원으로 하나 되기 등 필자의 〈한국형리더십(매경출판)〉 책을 바탕으로 정신과 마음과 몸 그리고 소통까지, 구조는 음양(陰陽)과 태극원리의 건곤감리(乾坤坎離)에 입각해 하늘과 땅, 물과 불, 우주와 자연 그리고 삶의 가치와 인문학, 철학적 요소 등이 각 장마다 그에 해당되는 시와 짧은 힐링의 글로 만들어져 있어 〈한국형 인성리더십〉 교육용으로 적합하다. 때론 걷다가 글을 쓰기도 하고,

자다가 일어나 글을 쓰기도 하면서 하루 2~3편의 글을 쓰는 집중의 힘을 느꼈던 순간이 참 신기했다.
이 책에 나오는 내용들은 그동안 필자가 KAIST(한국과학기술원)에서 학부생과 대학원생들에게 Science Leadership & Communication(과학리더십 커뮤니케이션)과목을 통해 강의하면서 각 Session에 맞는 핵심포인트로 내용정리를 하는 데 사용해 많은 호응을 얻은 바 있어 필자에게는 더욱 애착이 가는 글들이란 점들이 마음에 든다. 배우고 싶은 사람 닮고 싶은 사람, 실력과 인격을 갖춘 영향력 있는 아름다운 삶을 살고 싶은 분들에게 이 책을 권한다.

끝으로 이 책이 나오는 데 있어 함께 생각을 공유하고 영감을 떠오르게 해 글을 쓰는 데 초석 같은 역할을 해 준 공동저자인 고은아님께 감사드린다. 그리고 따뜻한 인품으로 정신적 조언을 아끼지 않으신 (사)한국산업카운슬러협회 김양순 원장님께 진심으로 감사의 말씀을 전하고 싶다. 항상 친구처럼 옆에서 에너지를 불어 넣어주는 체질라이프연구소 임동구 박사님과 국가대표 메이크업 지도위원이신 고시환 교수님, 늘 함께 하면서 힘이 되어준 카네기와 한국형리더십아카데미(다클) 가족들께도 감사드리며 다음의 말을 남기고 싶다.

"필 것 같지 않은 나무에 꽃을 피우는 건
간절한 믿음이 있으면 가능해진다."

2016년 1월

차 례

1장

정신 공부

2장

마음 들여다 보기

3장

몸으로 깨닫기

4장

세상과 소통하기

1장

정신공부

첫눈에 반하다

첫눈이 내립니다
부끄러운지 이른 새벽
처음 그대로 순수한 모습으로
소리 없이 우리 곁을 찾아왔네요

아이에겐 즐거움을
어른은 동심의 세상으로
연인들에겐 깊은 사랑을 주는
첫눈은 설렘의 약속이기도 합니다

누군가를 만나고 싶고
손을 잡고 눈길을 걷고 싶은 건
축복이자 행복을 위한 약속이기에
첫눈은 그 약속을 지키고자 내립니다

사랑도 아픔도 스며들게 하여
따뜻한 가슴으로 포용한 후엔
녹아내림으로 눈물을 흘립니다
그래서 첫눈에 반하는가 봅니다

첫눈에 반하는 날은
말하지 않아도 통하고
이유 없이 느낌이 좋아지기에
첫눈이 오는 날은 소통의 날입니다

하늘과 땅, 그리고 인간

하늘에 해가 있어 땅에 불이 있고
하늘에 달이 있어 땅에 물이 있네

해와 달이 둘이라 사람의 눈도 둘
하나는 외로워 천지인이 하나 되네

하늘이 있어 땅이 있고 인간이 있으며
인간이 있기에 하늘과 땅이 존재한다

크나큰 인생이 태어날 땐 혼자지만
함께 할 땐 본성을 찾아 우주를 깨닫는다

인연(因緣)

어느 날
우연히 스친 너와 나
첫 만남으로 이어졌네

세월의 흐름 속에
느낌이 아름다운 향기 같아
우연은 인연으로 맺어졌고
그 인연이
숙성되고 발효되면서
서로 사랑하는 필연적 관계 되었네

내가 인(因)이라면 너는 연(緣)이고
네가 인(因)이라면 나는 연(緣)이 되니
행복도 불행도 그 누구의 탓이 아니라
우리가 만들어 가는 하나의 작품이었구나

한줄기 빛으로 인해

헤아릴 수 없는
수많은 입자들과
공간을 퍼져나가는
보이지 않는 파장들

멀게만 느껴졌던
너와의 거리가 닿은 듯
겹겹이 채운
맑고 고운 본성의 소리로
잠든 심장 깨우고 있네요

무한히 넓은
우주공간의 한 끝자락에서
침묵과 긴 어둠의 터널을
뚫고 날아와

새벽을 깨우며
가슴이 전하는 소리

당신을 사랑합니다

공부(工夫)와 공부(空夫)

공부(工夫)는
하늘과 땅을 인간이 잇고
하늘과 땅을 인간이 초월하는 것

공부(空夫)는
하늘은 비어있는 듯하지만
온갖 물질로 구성되어 있으니
비우면 채우는 이치를 배우는 것

공부의 깊이가 있으면 고수가 되고
공부의 깊이가 없으면 하수가 되니
남을 이기기 위한 공부보다는
나를 이기기 위한 공부가 낫고
나를 알고 남을 알고 세상을 알고
우주를 아는 게 가장 좋은 공부다

공부의 매력에 빠져보실래요?

친구

친구는 친해서 친구가 아니라
생각과 뜻이 통하는 사람이다

필요할 때 찾고 싶은 사람보다
어려울 때 먼저 연락오는 친구

피 한 방울 섞이지 않아도
마음으로 사랑을 전하는 사람

눈빛만 봐도 서로 이해하고
영혼으로 듣고 말할 수 있는

동지(同志) 같은 관계가
진정한 친구다

행복과 불행

행복은 작은 것을 사랑하며 남도 위하고
불행은 큰 것에 집착하며 자신만 위한다

잡고 싶은 것에 욕심 두는 건 집착이요
비우고 내려놓는 용기는 집중하는 것이라

하나를 가지면 또 하나를 잡고 싶고
하나를 비우면 또 다른 하나가 채워진다

행복을 위해 살아가는 것보다
살아가기 위해 행복을 찾아야 하고

갖지 못한 것에 미련 버리면 불행이 사라지고
가진 것에 감사하면 행복이 찾아오더라

인생은 생각 그 자체다

시간을 잡을 수는 없지만
추억이라는 선물이 있고
세월을 이길 수는 없지만
가치를 담은 품격이 있다

삶의 관점을 크게 보다가
보다 세밀하게 바라볼 때
운명의 흐름도 변화되어
인생이 보이기 시작한다

좋은 생각에 좋은 일 생기니
최고의 선물은 선택하는 능력이라
인생은 바로 생각 그 자체다

Day by day In everyday I am getting better and better.

나는 날마다 모든 면에서 점점 더 좋아지고 있다.

What happens next is up to you.

- Chris Sacca, American Investor -

다음에 무슨 일이 일어날 것인지는 당신 손에 달려 있습니다.

– 크리스 사카, 미국 창업 투자자 –

Life is not a problem to be solved,
but a reality to be experienced.

- Soren Kierkegaard, Danish Philosopher -

인생은 해결해야 할 문제가 아니고 경험을 해야 할 현실입니다.

– 키에르 케고르, 덴마크 철학자 –

생각이 인생을 만들고, 인생이 생각을 만든다.
함께 있으면 더 좋은 특별한 아름다움이란,
은은한 향기 나는 발효되고 숙성된 품격에
고차원의 매력으로 다가오는 것!

– 박영찬, 고은아 –

아! 고구려

고구려 어머니들이
은은한 미소 지으며 세상에 태어난
아기에게 처음으로 들려준 말은
'고구려'

그래서 고구려는 동북아의 최강자가 되었다
우리의 어머니들이 세상에 태어난 아기에게
'대한민국' 처음 들려주기 캠페인 벌이면
위대한 한민족 시대가 다시 올려나…

태도가 성과를 결정한다

경기를 앞둔 선수에게
중요한 것은 스킬보다 태도이며

정상을 앞둔 산악인에게
중요한 것은 높이보다 태도이며

판매를 위한 세일즈맨에게
중요한 것은 제품보다 태도이다

살아가면서 어떤 태도를 갖는가는
성취의 결과물과 비례한다
태도를 위한 네가지 질문을 기억하자
Need, Want, Can, Will

능력(能力)

힘이 드는가
그러면 힘을 쓰라
힘을 쓴다는 건 힘이 들지만
새로운 힘이 생긴다는 말이다

살면서 힘든 고통이 있어야
내 안에 능력이 있는지 알게 되고
힘쓰지 않고 행(行)하지 않는 것은
나태함만 가져다 줄 뿐이다

시간이 걸리고 힘이 들더라도
정도(正道)를 걷게 되면
행한만큼 보이고 집중하게 되어
무한한 능력이 나오게 된다

믿음(信)

마음이 정한 약속으로
가식과 꾸밈이 없어야 하며

의심 없는 신념과 변함없는
확신으로 활 당기듯 해야 한다

봄에 씨를 뿌리지 않으면
가을에 추수할 것이 없듯이

수확 후 곡식 종자를 갈무리하여
남기는 것은 땅을 믿기 때문이라

한계와 가능성

한계를 안다는 건
어떤 측면에선 좋은 일이며
삶을 새롭게 통찰할 수 있는
기회가 될 수 있다

한계를 느낄 때
우리는 내 안의 가능성을 찾고
힘들고 어려울 때 좌절하기보다는
다른 시각으로 시도해 볼 수 있는
방법과 기회를 만나게 된다

내 안에 제한된 능력이 있다고
스스로 한계를 정하지 말라
한계와 제한을 뒤집으면
그것을 뛰어넘을 수 있는
가능성이란 희망이 보이기에

산산이 부서진 경험이 성숙으로 가는 사이즈

산산이 조각난 인생
부서지고 깨어지고 으스러진 조각은
미성숙에서 성숙으로 다가가는 크기다

사정없이 후려치고 도리깨질하는 가을풍경
때리는 가운데 알곡과 쭉정이 가려지고
잘게 부서진 만큼 재료로 쓰인다

높이와 깊이

다른 사람보다 높이 올라갈수록
부족함의 미학이 그리울 때가 있다

지혜가 있어 깊이 있는 생각을 하고
경험이 많아 깊이 있는 사랑을 하니

높이보다 삶의 태도가 깊이 있을 때
그 사람의 건강한 가치를 알 수 있다

깊이 없는 높이는 모래성과 같으니
높이보다 깊이를 추구하는 사람이 되자

대추

꽃 하나 피면 열매 하나 열리고
열매 한 알 열린 후 꽃잎 떨어지니
고통의 벼락 맞고 사랑으로 결실 맺네

필요 있고 쓰임 받는 위엄 있는 존재감
우수한 혈통 지닌 상서로운 작은 열매
대추가 온 세상에 크게 외치는 말

"씨가 하나이듯 일심(一心)이면
무엇이든 이루어진다네"

창조성의 최고의 적은 상식적 감각

피카소는
이렇게 말했다.

'창조성의
최고의 적은
상식적 감각이다'라고

창조를 위해선
기존의 틀을 파괴하는
새로운 문화가 필요하다

자신만의 칼라로
메시지를 전하는 그들을
우리는 창조 예술가로 부른다

창조성 = 독창성 + 탁월성

변화가 곧 인생의 전환점

사람이 변화하는 순간은 두 가지다
하나는 가슴에 뜨거운 열정을 느낄 때,
또 하나는 어둠 속 터널 끝에서 한줄기
빛이 보일 때 인생의 전환점이 된다

빛이 있는 곳에 길이 있기에
신은 인간에게 해와 달 두 눈을 주셨고
영혼의 빛으로 뜨거움을 느낄 때
가장 아름다운 순간을 경험한다

길을 잃어버렸다가 한줄기 빛을 따라
출구를 찾을 때 느낌은 그 무엇보다
비교할 수 없는 큰 깨달음을 준다

변해야 좋다

남들이 걸을 때 나는 뛰었고
남들이 달릴 때 난 멈추었다

항상 변함없는 우정과 사랑
변함이 없는 게 미덕이 아니라
때론 변해야 좋을 때가 있고
변해야 성장을 하게 된다

이젠 변하는 우정
변하는 사랑을 해보자
올해보다는 내년이 좋아지고
지금보다는 미래가 더 좋아지는 것
이것이 좋게 변화하는 것이다

세상을 보는 세 가지 눈

우리는 견(見) 관(觀) 진(珍)
세 개의 눈으로 세상을 보고 알아간다

견(見)은
말 그대로 '그냥 보는 것'이다

관(觀)은
'자세하게 들여다보는 단계'로
정보의 분류가 가능한 경지를 말한다

진(珍)은
의사들이 진찰할 때 사용하는 눈으로
표면적 증상을 보고 환자의 아픈 부위를
정확히 진단해낸다

견(見) 관(觀) 진(珍)에 따라
보는 것과 보이는 것이 달라질 수 있다

내가 세상을 보는 눈은 어느 단계일까?

〈 리더는 사람을 버리지 않는다 (김성근 저 / 이와우) 〉에서 인용

사람을 보는 눈

견(見) 보이는 걸 보는 것으로
보기만 해도 좋고
관(觀) 보이는 걸 자세히 보는 것으로
살펴서 들여다볼수록
더욱 예쁘고 사랑스럽고
진(珍) 안 보이는 걸 보는 것으로
보고 또 깊이 볼수록
우아하고 기품 있는 아름다움에
고차원의 매력을 느낀다

이런 사람 어디 없나요?

마음의 눈

"육신의 눈이 둔해져야만
마음의 눈이 예리해진다."
– 플라톤

살아있다는 것이 얼마나 귀한 일인지
지금 옆에 있는 친구가 얼마나 소중한 사람인지
자연을 가까이 하고 느낀다는 게
얼마나 축복된 일인지 알지 못하면서
육신의 눈은 점점 어두워지기 시작한다

자신의 좋은 점만 크게 보이고
타인의 좋은 점은 작게 보이고
자신의 잘못은 작게 보고
타인의 잘못은 크게 보니
육신의 눈에서 마음의 눈으로
새로운 시각으로 세상을 바라봄이 필요하다

밖을 보는 육신의 눈은 지극히 현실적이라
보이는 것을 통해 받아들이고 느끼지만
속을 보는 마음의 눈은 미래지향적이라
보이지 않는 것도 볼 수 있고
눈을 감고도 느낄 수 있어
육신의 눈은 잃어버려도
마음의 눈은 잃어버리지 말자

나답게 살자

존재하는 모든 것은
자기만의 삶의 방식이 있는데

나답지 못하면 어색하고 불편하나
나다울 때 바로 서고 존재하게 된다

나답게 산다는 것은 정체성을 찾아
내면의 아름다움을 추구하는 것이라

자기혁신을 통해 나다움을 찾을 때
인간다움을 회복해 인간답게 살게 된다

유일한 당신

이 세상엔 많은 것들이 존재하지만
하나 밖에 없는 유일성을 지니고 있다면
이야기는 달라진다

유일하다는 것은 '오직 하나'라는 의미요
하나이기에 그 존재감은 어디서나 탁월해
자체발광이란 독특성으로 빛을 발한다

존재하는 것에서 아름다움을 찾을 때
세상에서 유일하게 인정하고픈 예쁜 사람
당신의 존재 자체가 곧 행복입니다

아름다움

"아름다운 것은 영원한 기쁨이다.
그 사랑스러움은 점점 커져 결코 무(無)로
가는 길이 없다"
달의 여신 셀레네의 사랑을 받은 그리스 신화 속
목동 엔디미온(Endymion)의 아름다움에 대해
19세기 영국의 시인 존 키츠는 이렇게 노래했다

살아 움직이는 모든 것은 아름답고 가까이 할 때
더 크게 보이고 최고의 미(美)로 존재한다
최고의 아름다움은 알파요 오메가!
시간과 공간 속에 한 결 같은 본성(本性)을 찾으니
우리의 뇌는 선한 아름다움에 끌린다

끌리는 그 여자, 그 남자

볼수록 만날수록
끌리는 그 여자, 그 남자의 매력!

매혹적인 눈빛에 이유 없이 호감가고
오감의 옷을 입어 느낌이 좋은 사람

예쁜 여자보다는
생각 있는 여자가 매력 있고
신비로움 가운데 자연스런 반전모드가 있어
남자의 눈을 보고 잘 웃어주는 여자가 사랑스럽다

멋진 남자보다는
센스 있는 남자가 매력 있고
여자의 사소함까지 챙겨주는 따뜻한 마음과
자상함 속에 당당함이 있는 믿음직한 남자가 좋다

이 계절 치명적인 매력에 빠져들게 하는
그 여자, 그 남자 바로 당신인가요?

타임머신

여행을 떠났다

고대부터 지금까지
시간여행을 통해
다양한 음식 다양한 문화
다양한 사람들을 만났지만

아무리 찾아보고 살펴봐도
이보다 예쁜 사람은 없었다

지금 당장 미래로 간다해도
과거 현재 미래를 통틀어
아름다움의 특별한 이름은
존재함으로 빛나는 한 사람

사랑하는 당신입니다

기술의 완성이 예술의 극점

철길이 비슷하다고 기차가 달리지 않습니다
한 치의 오차 없는 무결점이 단순한 기술을
하나 뿐인 예술로 승화시킵니다

차별성과 탁월함으로 스마트하니
기술의 완성은 한계를 뛰어넘어
예술의 극점으로 태동합니다

증거

문을 열면
산이 가까이 있으니

문을 열어 산이 보이면
그곳이 살아있다는 증거다

함께 할수록
사랑하는 이 가까이 있으니

새벽에 깨어 그 사람이 보이면
그곳이 살아있다는 증거다

어떤 사람으로 기억되고 싶은가?

되고 싶은 미래의 모습과
정말 하고 싶은 일은 다르다
되고 싶은 것은 존재하는 것이고
하고 싶은 것은 행함에서 나온다

봄에 씨 뿌린 농부가 여름에 열심히 일해
가을에 추수하면 열매로서 존재한다
우리는 존재하기 위해 행하고
되고 싶은 나를 위해 일을 해 나간다

당신은 어떤 존재로 사람들에게
기억되길 원하는가?

삶의 의미

꿈과 비전은 무엇인가
어떤 사람이 되고 싶은가
어떤 사람으로 기억되길 원하는가
진정으로 하고 싶은 일은 무엇인가

이 질문에 대한 답을 찾고
실행하는 데 있어 필요한 두 가지는
첫째, 열정이라는 추진에너지
둘째, 의미를 찾는 것이다

비전과 목표에 대한 의미
그것이 나에게 어떤 의미가 있는지
열정과 삶에 대한 의미를 찾는 순간
우리는 그 길에 더 가까워진다

살기 위해 행동하라!

Being is doing

존재하는 건 행하는 것이다
and

Learning by doing

행함으로써 배운다

가치(Value)에 바탕을 둔
꿈(Dream)
비전(Vision = Visual Mission)
열정(Enthusiasm)을 실행할 때
꿈은 현실이 된다

도화지

"삶이란
하나의 커다란 도화지와 같다.
그대가 가지고 있는 모든 색으로
삶의 도화지를 채워라."
– 데니 케이

오늘 이 순간 숨을 쉬고
자연과 호흡을 한다는 건
축복이요 선물입니다

오늘 하루
'그대라는 이름의 도화지'에 새길
칼라는 무엇인가요?

그림

아름다운 그림!
아름다운 사랑 장면은
믿음과 함께 그려진다

사랑 예감,
행복 예감,
성공 예감,

그림은
크게 그려도
작게 그려도
늘 새롭고 신선하고,

사랑 장면은
크게 생각해도
소박하게 생각해도
언제나 즐겁고 행복하다

글은 사람이다

"글이란 쓰는 사람 그 자신이다.
다감한 사람은 다감하게 쓰고,
비천한 사람은 비천하게 쓴다.
병이 든 사람은 병약하게 쓰고,
지혜로운 자는 지혜의 글을 쓴다."
– 존 스타인 벡

글엔 인간의 오감이 살아있고
감정이 있어 마음을 표현한다
생명 없는 글은 부패되어 썩어가고
생명 있는 글은 발효되어 익어가니
좋은 글엔 고차원의 향기가 난다

글은 과거와 현재와 미래가 보이고
사람의 인격과 가치와 철학이자
그 사람 자체라고 말할 수 있으니
좋은 글은 선한 마음에서 나오더라

일을 놀이처럼 즐겁게

레오나르도 다빈치는 말했다
"즐겁게 일을 하면 세상이 천국이요
일을 의무로 생각하면 지옥이다"라고

일이라고 생각하면 힘이 들지만
놀이라고 생각하면 즐겁습니다

좋아서 일하고 공부를 놀이처럼
하는 것보다 더 잘할 순 없습니다

산다는 건 일하고 공부하는 것이요
일하고 공부하는 건 사는 것입니다

일과 공부에서 즐거움을 찾지 못하면
그 분야에서 전문가가 되기는 힘듭니다

경제적 이익을 뛰어넘어 소중한 가치를
실현할 수 있는 즐거운 기회의 장(場)

놀이 속에서 인생을 배워가는
당신이 바로 창조적 리더입니다

교학상장(教學相長)

「예기(禮記)」「학기(學記)」

배울수록 부족함을 알게 되고
가르치면서 어려움을 알게 된다

제자는 배움으로 성장하고
스승은 가르침으로 길을 찾는다

제자가 있어 스승의 자리가 있고
스승이 있어 제자가 깨우쳐가니

동등한 인격 닮고 싶은 사제지간은
가르치고 배우면서 함께 성장한다

스며들고 젖어드니

비에 젖으니 아련한 추억 스며들고
그리움에 젖어 살며시 스치는 얼굴

바람에 젖으니 싱그런 그대 숨결 스며들고
사랑에 젖어 빠알간 마음에 이끌리는구나

스며든 마음 부드러운 스폰지 같이 편하고
젖어든 몸 천사의 날개 같아 자유로우니

스며드는 만큼 바다처럼 깊이 있고
젖어드는 만큼 하늘처럼 넓어지네

스며듦과 젖어듦이 수채화처럼 번지니
아, 바로 이런 게 사랑이구나

맛

커피 한 잔에 설탕 한 스푼
고독의 맛을 아는 사람

커피 한 잔에 설탕 두 스푼
사랑의 맛을 아는 사람

커피 한 잔에 설탕 세 스푼
설탕 맛을 아는 사람

커피 한 잔에 설탕 없으면
커피 맛을 아는 사람

난 어떤 맛 나는 사람일까~

희노애락(喜怒哀樂)이란 무엇인가

희(喜) 기쁨은 스스로 섬기는 태도에서 나오고
노(怒) 노여움은 경계할수록 성품이 유연해지며
애(哀) 슬픔은 감정을 맑게 정화해 재생시켜주고
락(樂) 즐거움은 더불어 사는 지혜를 가르쳐 준다

여행

여행은
침묵을 깨우고
열정으로 사색(思索)하고
세상을 대하는 새로운 마음,
세상을 보는 창조적인 눈을 갖게 해준다

삶이 곧 끝나버린다고 생각하며 살라.
그러면 남은 시간이 선물로 느껴질 것이다.
현재의 삶은 최고의 축복이다.
우리는 다른 때,
다른 곳에서 더 큰 축복을 얻게 되리라
기대하며 현재의 기쁨을 무시하고는 한다.
지금 이순간보다 더 좋은 때는 없다.

– 톨스토이 –

운명이 우리에게 신 레몬을 주었을 때
레몬주스를 만들도록 하자.

– 데일 카네기 –

상상력은 창조력의 시작이다.
바라는 것을 상상하고, 상상한 것을 의도하고
마침내 의도한 것을 창조하는 것이다.

– 버나드 쇼 –

미인과 미남이 되자

미인은, 미소 짓고 인사하는 사람
미남은, 미소 짓고 남 배려하는 사람

온도

한 번을 봐도
끌리는 사람은
사랑의 온도가 맞아
감정공유가 가능한 사람이고

여러 번 봐도
느낌 없는 사람은
사랑의 온도가 맞지 않아
감정공유가 불가능한 사람이다

본래의 모습

잃어버린 본래의 모습이
아이처럼 순진무구해서

본성(本性)을 찾을 때 기분은
첫사랑을 만난 설렘과 같다

2장

마음 들여다보기

HUMAN POINT

마음(心)은 '마중'이며 '맞이함'이라

부모가 자녀를 '맞이함'은 천연이 시작됨이요
사람이 사람을 '맞이함'은 인연이 엮어짐이며
당신을 '맞이함'은 아름다운 동행의 시작입니다

무엇을 '마중'하며 어떻게 '맞이함'에 따라
편안한 마음도 되고 불편한 마음도 듭니다
편안한 '마중'의 맞음일수록 얼굴이 밝아지고
불편한 '마중'의 맞음일수록 얼굴이 어두워집니다

싫으면 마음이 숨어버려 보이지 않지만
좋으면 기쁨으로 맞이해 마음이 보입니다
빗물은 생명력을 위한 '기쁨의 마중물'이 되고
펌프는 '만남의 마중물'을 넣어야 물이 나옵니다

마음은 혼자보다는 둘 이상의 결합 속에 나타나며
살며 관계를 맺으면서 나와 다른 것을 맞이할 때
마중을 잘해야 '인간다운 마음'을 회복하게 됩니다

마음을 잃어버림은 생각을 잃어버린 것이요
생각을 찾는 건 마음을 찾는 것입니다
인생 '최고의 마중'은 진정한 나를 찾고
의미 있는 삶을 '맞이함'이 아닐까요?

봄비

봄비에
무지갯빛 추억이 꽃 피고

초록빛
그리움에 가슴이 젖어드네

추억이 쌓이면 노래가 되고
그리움이 쌓이면 사랑이 된다

시간은 지나
추억은 세월 속에 빛나고

그리움은
내 맘속에 빛나네

항상 전체 풍경을 봐야 한다.
그림은 단지 부분들이 합쳐진 게 아니란다.

소는 그냥 소이고,
초원은 그냥 풀과 꽃이고,
나무들을 가로지르는 태양은 그냥 한 줌의 빛이지만
그걸 모두 한 번에 같이 모은다면 마법이 벌어진단다.

– 영화 〈 플립(Flipped, 2010) 〉 中 –

책 그리고 산책

"책의 내용을
무조건 받아들이지는 말라."
– 논어

책을 통해선 지식을 얻고
산책을 통해 지혜를 얻는다
책은 인생의 간접경험을 주지만
살아있는 책은 직접경험을 준다

책으로 배운 지식은 행동으로 옮길 때
비로써 지식의 완성이 되고
산책을 통해 얻은 지혜는 통찰력으로
삶이 현명해지도록 이끌어 준다

힐링

자연을 가까이 하면
나무가 춤추는 모습에 활력이
풀벌레 소리에 살아있음을 느끼고
흐르는 물이 노래하는 소리는
심장을 고동치게 합니다

생각을 내려놓고 마음을 비우고
자연의 소리에 귀 기울여 보세요
답답한 가슴 시원하게 뚫어주는
마음 속 사랑의 씨앗이 자라나
메마른 상처를 치유할 거예요

가슴을 펴고 하늘을 봤을 때
푸른 하늘이 아름답게 보인다면
그것이 바로 힐링(healing)입니다

여행은 혼자, 그리고 함께!

여행은 나와 친해지고 싶고
세상과 친구가 되고자 하는 첫걸음이다

혼자 하는 여행 속에 자신을 알아가고
함께하는 여행 속에 세상을 알아간다

고독할 때 깨달음은 자아를 찾게 하고
사랑할 때 깨달음은 인생을 찾게 한다

이 가을, 고차원의 매력을 발산하는
예쁜 여행 한 번 떠나볼까요?

아낌없이 주는 나무

참 맑고 깨끗한 나무는
아낌없이 나눠주는 위대한 공장이다

호흡할 수 있게 산소를 만들고
바람과 새, 벌레의 놀이터가 되고
뿌리에서 줄기까지 영양분으로 과일을 낳고
그늘막으로 힐링하는 쉼터가 되기도 하고
잘라진 몸통은 가구로 재탄생하며
종이와 연필로 다시 만난다

아낌없이 주는 나무가 있어 참 행복하다
나무를 아끼는 사람은 더욱 사랑스럽다

위대한 존재

사랑은
같은 생각,
같은 마음, 같은 방향으로
함께 바라보고 나아가는 것!

위대한 사랑은
다른 생각, 다른 마음,
다른 방향도 이해하고 공감하면서
특별한 그림을 함께 그려나가는 것!

필요할 때 늘 가까이 함께 있어주고
잘될 때나 힘들 때 항상 기억 속에
가장 먼저 떠오르는 대상일 때
위대한 존재로 살아 숨 쉰다

마음

안다는 것은 뇌가 아닌
마음으로 안다는 것이요
이목구비를 보면 알 수 있으니
마음은 혼자 노는 것이 아니라
관계 속에서 나타난다

마음이 탁하면 몸도 탁하니 몸의 주인은 마음이라
마음이 움직이니 몸이 따라오고
몸이 움직이니 마음이 건강해져
보이지 않던 마음(心)이 보이는구나
그래서 심신일체(心身一體)라 한다

닮았네

너도 순수 나도 순수
너도 동심 나도 동심

너를 느끼고 나를 느낄 때
고요하게 들여오는 소리

참~ 맑고 깨끗하다 아가처럼
그래서 우린 닮았네

닮았네 Ⅱ

너는 해 나는 달
빨간 마음 노란 마음

너의 미소 햇빛
나의 미소 달빛

애틋한 별빛까지
가슴에 녹아내리면

참~ 포근하다 엄마 품처럼
안기고 싶은 마음

그래서 우린 또 닮았네

마음 Ⅱ

산은 언제나 그 자리에 있고
물도 늘 그곳에서 흐르는데
요동치는 건 마음이구나

가장 사랑스런 이름, 어머니

저기 멀리서
손 흔들고 계신 분은
가장 사랑스런 이름을 지닌 분

맑은 기 선한 마음과 덕으로
따뜻한 사랑을 주시던 그 이름은
우리의 '엄마'이자 '어머니'입니다

한 때는 5월의 푸르름에
가슴 설레며 환하게 웃던
소녀였던 어머니…

어머니의 지극한 사랑이 있어
5월에 맞이한 세상은
한없이 푸르고 향기로웠나 봅니다

아무리 멀리 있어도
눈을 감으면 신기하게 보이고
꽃피는 계절엔 더욱 그리워집니다

지식이 아닌 가슴에서 우러나온
선한 사랑은 세상을 향한 발걸음에
마음 깊은 울림을 주었습니다

자식 위해 희생할 줄만 알았던
그분이 들킬까 몰래 흘리는 눈물에
숙연해지는 아이의 마음이 있었습니다

아이도 자라나 어른이 되면
신의 눈으로 인생을 보게 되면서
세상의 어머니, 아버지로 다시 태어나겠죠

아이가 세상에 태어나
처음으로 불렀던 가장 사랑스런 말,
우주에서 가장 성스러운 이름

저기, 저기서 어머니가 지켜보십니다
잡으면 기적이 일어나는
신의 손을 흔드시며~

행복은 어디에서 오는가?

잡는 것에 가치를 두는 사람은
잡아서는 결코 행복해질 수 없다
왜냐하면 또 다른 것을 잡고 싶기 때문이다

채우는 것과 비우는 것의 균형을 유지하는 것
지금 이 순간이 축복이요 선물임을 알게 될 때
행복은 우리에게 다가온다

행복해지고 싶나요?

"행복의 원칙은…
첫째, 어떤 일을 할 것
둘째, 어떤 사람을 사랑할 것
셋째, 어떤 일에 희망을 가질 것."
– 칸트

행복해지고 싶나요?
일을 취미처럼, 오락처럼 즐겨보세요.
누군가를 사랑한다면 조건 없는 사랑을 해 보세요.
매일매일 희망의 말과 감사하는 마음으로
행동해 보세요

행복은 멀리 있는 것이 아니라
바로 마음속에 있답니다
행복은 돈으로 살 수도 빌릴 수도
도둑질할 수도 없습니다

자신의 일을 좋아하고
좋은 사람을 무조건적으로 사랑하고
긍정적 사고와 감사의 마음자세로 살아갈 때
우리 곁에 와 있게 된답니다

함께 더불어 사는 삶,
남에게 사랑을 나누어 줄 수 있는
우리가 되었으면 합니다

지금 바로

오늘이 지나면 다시 오지 않아요
고마운 일이 있으면 지금 바로
감사하다고 말하세요

이 순간이 지나면 다시 오지 않아요
누군가가 걸어오면 먼저 미소 짓고
인사해보세요

지금 하지 않으면 기회를 놓쳐버려요
힘들어 하는 친구에게 격려의 말
한마디 해주세요

세월은 언제까지나 기다려주지 않아요
소중한 사람이 있으면 지금 바로
사랑한다고 말하세요

하늘은 크고 땅은 오래간다.
하늘과 땅이 크고 오래 갈 수 있는 것은
자기를 고집하며 살고 있지 않기 때문이다.

성인은 그 몸을 뒤로 하기에 몸이 앞서고,
그 몸을 밖으로 던지기에 몸이 안으로 보존된다.
이것은 사사로움이 없기 때문이다.

– 노자, 〈 도덕경(道德經) 〉 中

무등산(無等山)

산과 들이 사랑받고 공존하는 건
스스로 내세움이 없기 때문이다

산을 찾는 사람에겐 산의 위엄을
들을 찾는 사람에겐 들의 포근함을

산이 필요한 사람에겐 산길이 되고
들이 필요한 사람에겐 들길이 되니

비할 데 없고 등급을 매길 수 없어
무등산(無等山)이라 하는구나

마음 키우기

생각을 키우면 건강한 생각이 자라고
마음을 키우면 건강한 감정이 자란다

마음이 약하니 보이는 것에 영향 받고
마음이 강하니 흔들리지 않는구나

온전한 마음으로 느끼고 스며드니
인간은 마음을 키운 만큼 자라난다

바른 마음(正心)

마음을 속이는 건
하늘을 속이는 것이요

양심을 속이는 건
자기를 버리는 것이라

거짓과 속임이 없이
자신의 본분을 지켜나가면

인간의 본성을 회복해
진실하고 정직한 삶에 이른다

참 자유

양심(良心)은
옳고 그름을 분별할 수 있는
천성 그대로의 본심으로
우주 만물과 하나 될 수 있는 혈관이자
참 자유 속에 평화로움을 가져다주고

사심(私心)은
생각과 감정을 통제하지 못해
물욕에 의해 발동하는 욕심이라
지극히 이기적이고 어두운 상태라서
불안한 마음에 부자유스럽다

아무도 보지 않는 장소
아무도 없는 곳에서 당신은 누구인가
이 질문에 자유로울 수 있는가?

양심(良心)을 갖고 산다는 것은
하늘의 뜻과 질서를 바로 이해하고
순응하면서 올바르게 사는 것을 말하니
이것이 진정한 자유로움이자
참 자유에 다가가는 길이다

마음의 소리

말은 마음의 외침이고
행동은 마음의 표현이라
우리 몸 안의 세포는
마음의 소리에 따라 반응한다

마음을 속이면 세포가 흔들리고
양심껏 산다면 세포가 춤을 추고
짜증을 내면 세포가 죽어가고
사랑을 하면 세포가 살아난다

거짓을 말하면 세포도 거짓되게
진실을 말하면 세포도 진실하게
내면의 소리를 들으며 자라난다

오아시스

맑은 날이 계속되면
자연은 사막으로 변화되고
마음 또한 메말라간다

사막이 아름다운 건
모래폭풍이 지난 후
황폐해진 마음을 적셔주는

단비 같은 오아시스가
우리를 반기고 있기
때문이다

역량

맹자께서 말씀하시길,
하늘이 사람에게 큰 임무를 내리려 할 땐
반드시 그 마음과 뜻을 괴롭히고
그 뼈마디가 부러질 듯한 고통을 주며

그의 몸을 굶주리게 하고
그를 궁핍보다 더한 궁핍의 상태로 만들고

어떤 일을 행함에 있어 그가 하고자 하는 일을
뜻대로 되지 않도록 어지럽히시니

이것은 그의 마음을 움직여 타고난 작은 성정을
인내로 담금질하게 함으로

그가 수행할 수 없던 큰 사명을
능히 감당할 수 있도록 역량을 키워줌이라

〈 맹자 고자장구 하(孟子 告子章句 下)에서 인용 〉

때

때에도 그 때가 있고
사람도 그 사람이 있다

지금의 때와 그 사람을
알아야 운(運)이 온다

그 때를 모르고
그 사람을 놓치니 후회스럽고

시절에 따라 행동하지 못하니
철부지(節不知)라 한다

그러니 오늘 그 때가 와서
그 사람이 옆에 있거든 잘해주세요

옆에 누군가

외롭다
미치도록 외로운 날 내 곁엔 아무도 없다
슬픈 감정이 극에 달할 때 누군가 옆에 있다면
그 사람이 진정한 친구다

고독하다
정말로 슬프고 울적한 날 내 곁엔 그 사람이 없다
고독한 감정이 극에 달할 때 누군가 옆에 있다면
그 사람이 진정한 사랑이다

필요할 때
갑자기 나타나 힘이 되어 주는 사람이 있고
정작 필요할 때 내 곁에서 멀어지고
잊혀져가는 사람도 있다

오늘 밤엔
미치도록 그리움이 고픈데 기다리는 사람 없네
인간이라 외롭고 고독한 밤 함께 울어줄
친구가 있다면 얼마나 행복할까…

그래서
가끔은 혼자 노는 법을 찾아야 한다
무덥던 8월의 마지막 밤은 그렇게
여름과 함께 흘러간다

꿀벌이 다른 곤충보다 존경 받는 까닭은
부지런해서가 아니라
남을 위해 일하기 때문이다.

– R. M 크로스 스톰 –

나는 누군가에게 도움이 되고
희망이 선물이 되고 있는가?
그 사람이 필요할 때마다
힘이 되어주는가…

그대 바람이 되어

그대 떠난 지금
쉬임없이 내리꽂는 비가
가슴 속 먼지들을 씻어주고 있네요
붉게 물든 단풍 노랗게 물든 은행 잎도
이젠 침묵으로 고요하기만 합니다

아픔을 치유하는 길은
그 아픔과 친해지는 거라 하셨나요
요동치던 제 가슴이 말하네요
난 아무리 아파도 괜찮아요
높은 곳의 별이 되어 날 지켜본다면…

아침에 깨어 창문을 열면
당신의 숨결이 바람이 되어 찾겠지요
손끝으로 잡으려 해도 잡을 순 없겠지만
그 바람이 속삭이는 말
"괜찮아요, 괜찮아요."

그대 바람이 되어 말하네요
"바람이 얼굴을 스치면
제가 찾아간 줄 기억하시고
활짝 웃어주세요. 약속할 수 있겠죠?"

※ 하늘로 먼저 간 사랑하는 사람을 그리며

슬픔은 치유를 위한 본능

슬프다
오늘은 그냥 슬프다 울고 싶기도
어딘가 가고 싶기도 한 그냥 슬픈 날이다
이럴 때 오는 문자나 편지는 참 반갑고
안부를 묻는 사람이 있다면
슬픔이 줄어들까

슬픔 속에 내리는 눈물은
피부를 곱게하는 성분이 있다는데
흐르는 눈물은 치유를 위한 본능적 행위다
슬픔 속에 영적인 위로를 받을 수 있어
슬픔은 행복으로 가는 통로가 되니까
울고 싶을 땐 실컷 울어야 한다

울고 싶고 미안한 슬픈 마음이 전하는 말
나 자신에게 당신에게 참 "미안합니다"
그래서 더 "사랑합니다"

고독

"고독할 때 나는 가장 고독하지 않다."

– 케에르 케고오르

별이 없어도 노래하는 건
고독 속에 빛을 찾은 것이요
달이 있어도 노래 못 부르는 건
고독 속에 빛을 잃어버린 것이라

절대고독 속에 혼자임을 자각하는 건
자신에 대한 섬김의 시간이 필요함이요
갈망하는 고독 속에 피어나는 영감은
차원 높은 성숙의 길로 인도함이라

고독의 시간에 들리는 은밀한 참 소리는
상실한 마음 재생시키는 내면의 외침이요
외로운 순간 끈을 놓지 않는 여유로움에
풍요와 즐거움, 진정한 자유가 찾아오네

고파요

그리움이 고파
새긴 글 시가 되고

외로움이 너무나 고파
고독 속에 자신을 찾게 되네

사랑이, 간절한 사랑이 고파
고장난 심장은 어떻게 할까요

고독의 시간

외로움을 견디지 못함은 미성숙에서 오고
스스로 고독을 찾음은 성숙함에서 오니
자신을 되돌아 볼 필요가 있을 때
우린 고독의 시간을 갖게 된다

고독은 생각이 아닌 내려놓는 시간으로
시간 속에 고독이 올 수도 있고
공간 속에 고독이 올 수도 있고
소리 속에 고독이 올 수도 있다

외로움을 뛰어넘는 고독의 시간은
영혼을 살리는 행복의 시간이 되니
호흡이 떨어지고 마음이 열리면
보려고 하지 않아도 보일 것이요
들으려 하지 않아도 들릴 것이다

생각하고 소유할 땐 힘이 들지만
내려놓을 때 경직된 힘이 빠져서
부드러운 힘이 생겨 마음이 보이고
내면의 소리가 들려오기 시작한다
고독은 나를 성숙한 인간으로 키운다

시와 사랑

마음 구석 낀 때
비와 함께 흘러내리니

맑게 씻긴
가벼워진 가슴 웃고 있네

시가 있어
사랑이 익어가고

사랑하는 이 있으니
시인이 되네

실수를 바꾸는 기적 같은 사과의 말

"미안합니다."

우리의 잘못이
상대를 좌절하고 분노하게 만들지만
분명한 태도로 즉시 그리고 단호히
'미안합니다'라고 신속하게 사과를 해보세요

상대는 용서와 관용으로
당신에게 반응할 것입니다
상대의 비난보다는 스스로의 비난이
때론 훨씬 마음을 편하게 만듭니다

특별한 꽃

눈부시게
고운 꽃이 있습니다

정갈한 기품의 꽃은 눈을 빛나게 하고
향기는 마음을 황홀하게 합니다

숨이 막힐 듯 아름다운 자태는
가을 하늘 만큼 맑고 깨끗합니다

몸과 마음까지 정화시키는
특별한 꽃은 바로 당신입니다

몸과 마음

몸은 하나지만
마음은 여러 가지

마음이 고통 받는 건
마음의 모양을 만들었기 때문

이유 없이 몸과 마음이 아프다면
모양 없는 온전한 마음 찾으라는 신호

미워도 그리워

외로움!
미워하면 미워할수록
더 나를 괴롭히는 이상한 아이

그리움!
예뻐하면 예뻐할수록
더 큰 그리움만 안겨주는 아이

외로워할 수도 그리워할 수도 없으니
도대체 뭐니 폭풍 같은 너의 미친 존재감
살짝 밉지만 그래도 늘 네가 그리워

내면을 비추는 거울

좋은 인상보다 중요한 건 표정이고
표정이 빛나기 위해 필요한 건
눈이 함께 웃어주는 것이다
눈은 빛을 감지하면서
마음을 여과 없이 보여주는
내면을 비추는 거울과도 같다

표정에 너무 의존하지 말고
눈동자에 주목하면 사람을 이해하고
몸과 마음의 감정 상태까지 알 수 있다
눈이 행복해 보이는 건 확신의 신호며
눈동자를 보면 그 사람을 알 수 있다
"눈이 참 행복해 보이시네요."

때론 내 마음을 들키도록 해주라
그래야 상대가 알아차리고
마음의 약을 발라준다

최상의 아름다움

눈이 마음의 빛이라면
피부는 몸의 거울이며
표정은 마음의 표상이다

마음의 빛이 환히 빛날 때
인간의 마음은 동심으로 돌아가고

몸의 거울이 깨끗하고 탄력 있을 때
특별한 아름다움을 지니게 되며

마음의 표상이 살아 숨 쉴 때
향기 나는 인품이 드러난다

몸과 마음이 조화롭게 하나 되고
내면을 비추는 거울인 눈이 빛날 때
이것이 알파요 오메가요
최상의 아름다운 상태다

몸으로 깨닫기

삶의 리듬, 쉼표와 마침표

사람은 어제의 호흡으로 살지 않는다
오늘은 오늘의 호흡과 리듬이 필요하다
원활한 호흡엔 들숨과 날숨이 있고
삶의 리듬엔 쉼표와 마침표가 있다

채우면 비우고 비우면 채우고
올라가면 내려가고 내려가면 올라가고
오르고 채우면서 삶의 쉼표 하나 찍고
비우고 내리며 마침표 찍는 삶의 리듬!

느림의 미학 쉼표는 가늘어 여유로움을 주고
결단의 마침표는 끝맺음이라 짙고 선명하네
쉼표는 원동력, 마침표는 또 다른 행복한 쉼표
삶의 쉼표 어떤 것들이 있나 찾아볼까요?

깨달음

깨달음이 없으면 변화 또한 없고
관계 속에서 존재함을 알아차림이니
깨달음이 없다는 건 성숙되지 않음이요
후회하는 건 깨달음이 찾아왔기 때문이다

경험이 있어야 깨달음이 올 수 있고
깨달음이 깊을수록 심리적 성숙이 높아
나이를 초월해 깨달음이 있는 사람을 보면
깊은 인격의 향기가 느껴진다

내가 누굴까 내면의 빛을 보고
내면을 건드리고 무의식을 건드리는 순간
깨달음이 오고 성취를 통해서도 다가온다

느낌(感) 아시나요?

님의 선한 마음은
볼 수 없어도
아름다움으로 다가옵니다

님의 맑은 기는
들을 수 없어도
잔잔한 울림으로 다가옵니다

님의 몸 향기에
황홀하게 끌리는 건
은은한 덕의 자태 때문인가요

님의 감각이
따뜻하게 살아 숨 쉬는 건
사랑의 미감(美感) 때문일까요

생명력을 주는 이… 느낌!
아.시.나.요…

에너지

필요한 에너지가 있을 때
자신이 원하는 일을
해 나갈 수 있습니다

나에게 있어
최고의 에너지는 당신입니다

보기만 해도 즐겁고
함께하기만 해도 기운이 나니
이보다 더 좋은 에너지가 어디 있을까요

강력한 현실적인 힘
당신이 있어 오늘도 기운이 생겨납니다

난 너를 느끼고 싶다

너의 호흡을
너의 오감을
너의 생각과 마음을
나는 너를 느끼고 싶다
너의 모든 것을

이 세상 끝까지
영원토록 내 마음 속엔
오직 당신뿐입니다

There's only you
ever on my mind
to the end of the world

오감(五感)

아리스토 텔레스는
〈 on the soul 〉에서
사람은 세상에 대한 정보를
오감에 의해 얻는다고 했다

다섯 가지 감각 말고는
세상을 느끼는 방법이 없고
오감은 정보를 모으는 안테나이자
우리의 몸을 보호해준다

사람을 감동시키고 싶은가
오감의 언어를 사용해 보라
시각 청각 촉각 후각 미각의
언어를 쓰면서 온몸으로 이해하면
두 사람의 벽이 무너진다

그대의 오감(五感)

그대의 맑은 눈엔 광채가 있어
아름다운 기가 스며들고
잔잔한 목소리엔 울림이 있어
그리운 기억을 살려줍니다

부드러운 손엔 포근함이 있어
몸과 마음이 따뜻해지고
그대의 향기는 영혼을 자극해
첫사랑을 만난 듯 설렘을 줍니다

그대의 미각이 어떤 색감인지
뜨거운 가슴으로 느껴보는 순간
신비한 그대의 예술적 오감은
한편의 시요 음악으로 다가옵니다

흔적

스치는 바람에 계절의 소리 들리고
스며든 인연에 따스한 온기 느끼고
젖어든 사랑에 심장이 물들어 가네

스치는 건 순간이나 생명력이 느껴지고
스며든 건 들리지 않지만 향기가 배어 있고
젖어든 건 눈 감아도 영원토록 기억에 남아

조각조각 몸과 마음에 각인된 흔적은
지운 것 같아도 쉽게 지워지지 않더라

상대성

바쁘면 마음이 죽고
비우면 마음이 산다

마음이 급하니 몸이 바빠지고
몸이 바쁘니 마음이 조급하네

하늘은 높고 땅은 넓지만
바쁜 사람 눈에는 좁게 보이고

하루의 시간도 비우고 나면
길게 오랫동안 느껴지는 법이다

시간이 흐르고 물이 늘 흐르듯
자연에 순응하며 유연하게 살리라

사람을 알기 위해

그 사람을 알기 위한
두 가지 방법은 다음과 같다

하나는 그 사람을
잠시 떠나보는 것이다

또 하나는 가장 힘이 들 때
그 사람이 나를 대하는
태도를 보면 알 수 있다

지금 당신 옆에 누가 있는가
당신과 함께 할 때 잘해주라

사랑이란…

사랑하는 건 선택이지만
사랑 받는 건 호감 때문이라

사랑하기 위해 집중이 필요하고
사랑 받기 위해 매력이 필요하다

집중하니 사랑의 흐름 알아차리고
끌리는 매력 있으니 굵게 오래가네

차원이 다른 처음 느낌 그대로~

사람이 좋다

사람이 좋다
매력이 있기에 고차원의 세계에
빠지고 끌리게 된다

사람이 참 좋다
은은한 향기와 숙성된 와인처럼
품격이 있기에 호감이 간다

사람이 정말로 좋다
한결 같은 선한 아름다움이 극에 이르러
그 특별한 이름은 가슴을 파고든다

사람이 참 진짜 정말로 좋다
함께 있어 기운이 나고 행복해지는
좋은 사람으로 인해 삶의 존재를 느낀다

시간보다 중요한 건 지금 이 순간이다
누가 내 곁에 있는가 하는 타이밍
함께하는 당신이 있어 참 좋습니다

숙성과 발효

시간이 지남에 따라
썩거나 부패되는 음식이 있고
시간의 흐름에 따라
발효 되어 건강에 도움이 되는
음식이 있다

사람 또한 마찬가지다
오랜 시간만큼
썩거나 부패해 가는 사람이 있고
시간이 지날수록
숙성되고 발효되어 더욱 깊은 향기 품은
인격으로 다가오는 사람이 있다

인생은 시소게임과 같다
내가 내려가면 상대가 올라가고
상대가 내려가면 내가 올라갈 수 있다

이기려고 하지 말고 겸손의 미덕으로
내려놓고 비우고 마음의 중심 잡고 살자
그러면 나를 숙성시키고 발효시켜
꼭 필요한 사람으로 만들어 준다

고차원의 매력과 은은한 향기 담은 품격
배우고 싶고 닮고 싶은 차원이 다른
특별한 누군가가 있다면
지금 이 순간 당신은
숙성과 발효의 매력에 빠질 것이다

그때 그 사람

때를 맞아
그때가 와도 알지 못하고

그 사람이 찾아와도
인연을 몰라보니

시절(時節)은 멈춤 없이
물처럼 흘러만 가네

씨실과 날실

네가 날실이면 나는 씨실
네가 씨실이면 나는 날실

날이 경(輕)이고 씨는 위(韋)라
전후좌우 경위(輕韋) 바르면

한 올 한 올 고운 숨결 흘러
올바른 사랑 조화롭게 엮여지고

씨실과 날실이 얽히고설켜도
올바른 마음이면 매듭이 풀어지네

민족의 대명절, 한가위

고흐의 말처럼
“농부는
신사복을 입을 때가 아니라
거친 옷을 입고 밭에서
땀을 흘릴 때 아름답다”는
말이 공감되는 가을입니다

수확을 위해 땀을 흘리고
이제는 결실을 거두고,
함께 나누는 중추절, 한가위!

추석(秋夕)

신라 유리왕 9년에 길쌈경쟁
풍류 즐기며 잔치판이 벌어졌네
8월 대보름이라 한가위라 부르니
추석(秋夕)맞이 온 가족이 재회하네

소나무 잎 넣어 빚은 떡
송편이라 칭하니 그 모양이 반달인데
궁궐 안 땅 속에서 나온 거북등에
백제는 만월(滿月)이요, 신라는 반달이라

만월(滿月)은 서서히 기울어 갈 것이요
반월(半月)은 점차 커져 만월이 될 것이라
반달모양의 송편 먹으며 승리를 기원하니
반월(半月)의 신라가 삼국통일 하는구나

외로움과 그리움

외롭다는 건
자신을 잘 돌보라는 메시지요

외로움의 빈자리는
스스로 채워나가는 것이라

처절한 외로움 끝에
간절한 그리움이 피어나니

솜사탕 같은 그리움을
보듬어 줄 오직 한 사람
바로 당신뿐입니다

사랑에 고파

그리워 하도 그리워
매화꽃에 취하니 사랑이 고파오네요

누군가 강렬히 그리워지니
잊을 수 없는 향기가 온 몸에 젖어듭니다

고요함에 젖어 심장은 어떻게 뛸까
숨결은 어떤 소리일까 피부는 어떻게 숨 쉴까

사랑에 고파 가슴 깊이 순간순간 느끼고
깨우는 지금 생각나는 사람

바로 그대!

고차원의 자신감(自信感)

도자기는 수천도의 고온을 견디고 나서야
예쁘고 아름다운 명품 그릇이 됩니다

"사는 것은
죽는 위험을 감수하는 일이며,
희망을 가지는 것은
절망의 위험을 감수하는 일이라,
때론 모험이 필요할 때가 있어요."
– 레오 버스카글리아

인생에서 가장 큰 위험이 무엇일까요?
그건 아무것도 감수하지 않는 일입니다

지금 우리에게 필요한 것은?
용기와 자신감입니다
자신감은 스스로의 가치를 믿을 때,
경험이 많을 때 생겨나는 힘이죠

자신감 = 자신을 믿는 감각(느낌)

자신감의 반대는?
바로 자신을 믿지 못하는
자기불신감입니다

과거–현재–미래가 같아야 한다는
이퀄리즘(Equalism)에서 벗어난다면
불안한 마음은 사라지고
편안한 마음을 유지할 수 있죠

나는 남과 다르다는 것!
어제와 오늘은 다르다는 것!
인생은 소중하고 즐겁다는 것!
모든 것이 같지 않고 다르다는 것을
인식하고 받아들일 때 자신감이 생기고
건강한 삶을 살 수 있습니다

자신을 미워하는 건 불행의 시작이고,
자신을 사랑하는 건 행복의 시작입니다

마음의 소리를 듣는 것도 자신이고,
마음을 안정시키는 것도 자신입니다
인생은 바로 선택하는 것이기에

자신의 가치를 알고 믿고
위험을 감수할 수 있는 사랑의 힘!

바로 고차원의 자신감을 찾는 것이
건강한 삶의 기본입니다

그대

그대의 미소는
그 어떤 보석보다 맑게 빛나고

그대의 몸은
유연함과 균형감각을 지닌 예술 그 이상이며

그대의 마음씨는
그 어떤 이도 감동하는 고운 마음이라

언제 어디서나 돋보이고
결정적인 순간 빛날 수밖에 없고

인간미가 넘치는 품격 있는 명품이자
따뜻한 마음을 지닌 특별한 이름입니다

그대가 있어 참 행복합니다
세상 하나뿐인 사랑을 하고 싶습니다

자세를 낮추면 올라간다

별은 어둠이 있기에 빛나고
스스로 그 빛을 발하진 않으며

아름다운 꽃도 뽐내지 않아도
벌이 스스로 향기 맡고 찾아온다

고급 승용차일수록 소리가 없고
명강사는 스스로 명강사라 하지 않듯이

자신이 과소평가될까 하는 두려움보다
과대평가에서 오는 두려움을 경계하라

님

소리 없이
내리는 가을비는
님이 찾아오는 소식이요

비바람
몰아치며 내리는 비는
님이 떠나지 못하게 잡는 비라

때가 되어 님이 오시고
때가 되어 님이 거두시니
대우주 가을의 이치는 한 치의 어김없구나

사랑의 열매

투명한 이슬방울
생명의 샘 되어 흐르니

상쾌한 숲속바람
사랑의 숨결 되어 호흡하고

새소리 물소리는
축복의 노래로 울림을 주니

행복 그리는 마음에
사랑의 열매 익어가네

깨달음의 길 Santiago

멈춰야 보이고
떠나야 알 수 있는
마음의 평화를 가져다주는
깨달음의 길 산티아고(Santiago)

지상의 길이자 천상의 이 길은
믿음이 약하면 어느 길보다 힘들고
믿음이 강하면 넓은 마음을 가지게 해
더 큰 세상을 보게 만드는 길이다

허무함 속에 삶의 해답을 찾는 이들이
평탄한 길을 걷기도 숲길을 만나기도
비바람이 불거나 눈보라를 만날 수 있는
인생의 축소판과 같은 길을 걷는다

매일 새로운 길을 걸으면서 보고 듣고 느낀
산 경험 속에 알아차림으로 깨달음을 찾는 길
멈춰라! 보일 것이다
떠나라! 알 수 있을 것이다

자연과 사람

자연이 사람의 것이 아니라
사람이 자연의 한 부분이다
자연을 정복하지 않고
자연 속으로 하나가 될 때
인간의 위대함은 빛을 발한다

산책과 여행을 통한 자연과의 만남은
같은 삶을 다른 각도에서 보게 해준다
길을 찾은 다음엔 체험하면서 걸어가고
길에 익숙해지면 용기와 자신감이 생긴다

여행을 통한 걷기는 나 이외
다른 존재와 새롭게 만나는 방법이니
대자연 속으로 걸어가 보자
내가 걷는 길이 곧 길이라
그 길 속에 인생이 있고 스토리가 있다

時有基時 人有基人(시유기시 인유기인)

모든 것에 때가 있듯
사람의 인연도 그때가 있다

만나야 할 인연은
애쓰지 않아도 만나게 되고,
인연 아닌 만남은
아무리 노력해도 만날 수 없다

인연의 시기,
그때가 되면
그윽한 존재의 영역에서
서로에게 필요한
그 사람이 되어 만나게 된다

때를 만난 인연은
온전히 빛나고
몸이 하나, 마음이 하나,
호흡이 하나 된다

하여 좋은 인연은
때를 맞아 인연 맺은 사람과
시공을 초월한 음양조화로
자연스럽게 맺어진다

가을이 보이니?

코스모스가 피어도
보이지 않는 사람이 있고

스며드는 향기로
가을을 보는 사람이 있다

코스모스가 보인다는 건
가을이 눈에 들어옴이라

넌 가을이 온 게 보이니!

보는 것과 보이는 것

눈으로 보는 것과
가슴으로 보이는 건 다르다

보는 건 실상이지만
보이는 건 내면의 느낌이라

세상을 아름답게 보면
마음에서 아름답게 보이듯

보이지 않는다고 눈을 감지 말고
소리 없이 다가오는 느낌을 잡으라

볼 수 있는 것은 볼 수 있어야 하고
보이는 것에서 진실을 알게 되니

보는 건 머릿속에 기억되고
보이는 건 가슴으로 기억된다

음양화평지인

사람이 하늘을 닮으면 심신이 건강해지고
인심(人心)이 천심(天心)을 회복하면 지혜로워진다
몸을 구성하는 건강한 세포와 무기질은
좋은 물, 맑은 공기, 적정한 체온이 만드니
하늘의 기(氣)와 땅의 음식으로 생명을 유지한다

인간을 인간답게 해주는
정신(精神)이 살아있어 사명이 생겨나니
이는 몸과 마음에 긍정적 영향을 미쳐
한결같은 선한 아름다움과 맑은 기운이
극에 이르러 숙성된 음양조화에 빠져들게 한다

몸과 마음과 정신 세 가지가 삼합(三合)이 되면
씨줄이 날줄이 되고, 날줄이 씨줄이 되듯
질서와 조화를 이루면서 융합하게 되니
이것이 바로 조화로운 열정의 힘이요
음양화평지인이 아니련가

첫눈에 반해 쌓여가는 건

첫눈이 순백의 그림을 그리던 날
네 마음 내 마음은 깨어있었다
소리없이 스며드는 환한 눈에
젖어드는 마음은 무엇일까

한 생명이 마냥 그려져
백색의 길을 걸어가고 싶었나보다
겨울의 약속 첫눈이 쌓여갈 때
내 가슴에 쌓여가는 건 너의 마음

첫눈에 반해 설렘이 가득할 때
손등을 적시고 볼을 스친 눈이
가슴에 스며들며 전해주는 말

첫눈에 반한 당신을 사랑~해♡

철부지

나이가 젊어도
시절의 때를 알면 철든 사람이요

나이가 많아도
시절의 때를 모르면 철부지(節不知)라 하네

더위가 꺾였구나 선선해졌구나
덥다 춥다로 지금의 때를 인식하니 철부지요

가을향기에 젖어 맑은 꽃잎 소리 없이 들리고
바람의 세기로 달라진 계절감각 충만하니

눈에 보이고 몸으로 느껴 우주본성 찾아
철부지가 아닌 철든 사람이 되어가네

아! 계절이 익어간다, 우주가 익어간다
그래서 가을이구나

고통 속에 탄생한 진주

진주라는
영롱한 보석은
조개의 상처 때문에 생겨난다네

세상을 향한 조개가
입을 벌릴 때 모래알 같은
작은 이물질이 들어와 고통을 준다네

살기 위해 조개는 필사적으로
고통에 저항하고 체액을 분비하면
그 체액이 쌓여 단단한 껍질을 이루어
아름다운 진주가 탄생한다네

살을 에는 듯한
상처의 고통 속에 작품이 탄생하듯
고통과 인내의 시간이 있다는 건
성숙한 인간이 되어 간다는 뜻이리라

계절이 아름다운 건

봄이 아름다운 건
서로에게 꿈이라는 씨앗을
심어주기 때문이요

여름이 아름다운 건
소나기처럼 시원한 마음이
전해지기 때문이며

가을이 아름다운 건
오색찬란한 단풍처럼
품격 있는 향기가 있기 때문이고

겨울이 아름다운 건
추운 날씨를 따뜻한 마음으로
서로가 녹여주기 때문이라

춘하추동 사계절 상쾌한 공기
맑고 깨끗한 선한 기운이 감싸니
기분이 절로 좋아집니다

수승화강(水昇火降) 건강법

몸이 따뜻하면 생기가 돌면서
마음 또한 따뜻해지고

몸이 차가우면 생기가 사라져
마음 또한 차가워진다

몸이 차가우면 열체질은 비만이 오고
냉체질은 마르게 되는 현상이 오니

찬 기운이 위장을 굳게 하는 성질 때문이라
머리는 차게 배와 손발은 뜨겁게 하면서

가슴부위는 서늘하게 중간을 유지하고
과식하지 말고 위장의 80%만 채우라

물 기운은 올라가고 불기운은 내려가는
수승화강이 마음의 평안과 건강을 찾아주니

상체는 차갑게 하체는 따뜻한 수승화강의
이치를 깨닫지 못하면 건강을 잃게 된다

바다에서 답을 찾으라

산산이
눈부시게 부서지니
가루가 되어 하얗게 보인다

부서지면
끝인 줄 알았는데
속살이 드러나 빛나는구나

춤추는 파도가
가슴에 새긴 푸른 흔적
넓은 품으로 서로 사랑하라 하네

4장

세상과 소통하기

HUMAN POINT

사랑을 담은 스킨십

우리 몸은
자연 그대로 파장의 연속이며
몸 속에서 다양한 건강기능을 하는
호르몬이라는 화학물질을 만듭니다

건강한 호르몬 못지 않게
몸과 마음에 생명력이 살아나게 하고
병들고 아픈 오장육부를 고치는 특효약은
사랑을 담은 스킨십입니다

장수의 비결은 바로
자연환경과 가까이 하고
좋은 사람과 가까이 하면서
사랑하는 사람과 손을 자주 잡는 데 있습니다

자기 혁명

하루를 살았다는 건
오늘 하루가
내 곁을 떠났다는 뜻이다

최악의 상황을 겪고 난 후
인간은 겸손해지면서
진실한 삶을 찾고자 한다

자기 혁명은
깊은 곳에서 조용히 시작되니
좀 더 낮아지고 내려놓고 비우라

그러면 진리에 가까워지리라

사랑은

사랑은 어느 날
갑자기 찾아와요
세상에서 가장 예쁜
당신을 만나기 전엔
사랑이 무엇인 줄 몰랐어요

이유 없이 좋고
조건 없이 끌리는 사람
손을 잡으면
따뜻한 마음이 전해져
더 잘해주고 싶은 마음에
보고 또 봐도 기분 좋은 사람

오직 한 사람에게 집중하는 것
이것이 진정한 사랑이 아닐까요

사랑스러울 때

밤이 깊을수록 별은 빛나고
어둠이 있어 빛의 가치를 알 수 있다

사랑이 있기에 인생은 아름답고
사람은 인격을 쌓을수록 향기가 난다

함께 같은 길을 걸어갈 때 내미는
작은 손길에 사랑의 체온이 느껴지니

당신의 미소는 아름다운 결정체요
웃을 때 모습이 가장 사랑스럽습니다

계산을 뛰어넘는 위대한 사랑

사랑은
손익을 따지지 않습니다

진정한 사랑엔
조건 없는 희생이 따르고
상처가 있기에 그윽한 향기가 납니다

살면서 배우면서
경험에 의해 깨우쳐 가는 삶이라
무의식 속의 순수함은 언제 어디서나
계산을 뛰어넘어 위대한 사랑을 만듭니다

딸을 살리고자 하는 어머니의
따뜻한 생명의 숨결이 인공호흡을 찾아냈고
조건 없는 사랑이 창조적 감동을 만드니
울림 있는 위대한 발견의 시작입니다

사랑을 믿고 싶나요
그냥 있는 그대로 자연스럽게
계산하지 말고 그 사람에게 다가가세요
사랑의 향기가 삶을 아름답게 해줄 겁니다

만남

힘이 든다고 자신을 잃어버리면
돌이킬 수 없는 일이 발생하고
외롭다고 아무나 만나게 되면
필요한 때 필요한 사람을 만나
집중할 기회를 놓쳐버린다

올바른 만남은 삶의 질을 높여주고
잘못된 만남은 값비싼 댓가를 치러
생각과 행동에 미치는 영향력이 크니
관계를 맺는 것 이상으로 중요한 건
누구와 어떻게 시간을 보내는가이다

인맥

별은 함께 함으로 빛을 발한다
사람도 주위에 누가 있느냐에 따라
빛을 발할 수도 그렇지 못할 수도 있다

인맥은 강점은 더욱 강화시키고
약점은 극복하게끔 삶에 영향력을 끼쳐
잠재력을 발휘하는 촉매제 역할을 한다

진정한 인맥이란 잘 나갈 때보다
어려울 때 얼마나 많은 사람들이
옆에 있는가를 보면 알 수 있고

어려운 상황에 처하게 되면
도움되는 친구와 그렇지 못한 사람으로
자연스럽게 정리된다

스쳐지나가는 많은 인연보다는
진정으로 도움되는 사람과 깊이 있게
집중하는 인맥관리가 삶의 질을 높인다

꽃보다 아름다운 건

꽃은
상대에게 전할 때
꽃으로서 가치가 빛을 발한다

꽃보다
더 빛을 발하는 건
꽃을 전하는 사랑의 마음!

마음보다
더 아름다운 건
받는 사람이 꽃보다 예쁠 때!

그 꽃보다
더 예쁜 사람이
바로… 당신입니다

잠 못 이루는 밤

네가 시를
쓰는 시간
내 마음은
깨어있었고

너의 시를
읽으면 읽을수록
빠져드는
마음은 뭘까!

그 순간은
한 생명이
마냥 그려지고
달려가고
싶었나보다

이 새벽에
가슴이
일러주는 말,
사랑해

그리운 당신

보고
또 볼수록 예쁘고
생각하고 생각해봐도 존재감 있는 당신은
가까이하면 할수록 우아한 향기가 납니다

언제 어디서나
당신이 좋아하는 일은
함께 기뻐하고 옆에서 응원해주며
당신이 싫어하는 일은
하지 않는 그런 사람이 되고 싶습니다

당신이 옆에 있기만 해도 기운이 나니
참 좋은 사람 고마운 사람 사랑스런 사람
마음을 따뜻하게 해주는 당신이
이 밤엔 참 그립습니다

단 한 명의 친구

모두가 안 된다고 할 때
당신은 할 수 있다고 용기 주는
친구가 있는가?

아무것도 가진 것이 없을 때
당신 곁에 남아 힘이 되어 주는
친구가 있는가?

다 잃어버리고 갈증이 날 때
재기할 수 있는 마중물이 되어주는
친구가 있는가?

가진 것을 주고도
아낌없이 다시 주고 싶은
친구가 있는가?

너무나 외로울 때 그것은
스스로를 돌보는 시기가 왔다고 말하는
친구가 있는가?

너무나 보고 싶을 때
나를 위해 기꺼이 시간을 내어주는
친구가 있는가?

몸이 아플 때
겉치레 위로보다 즐거운 웃음을 선사하는
친구가 있는가?

잘못된 길을 갈 때
그 길은 아니라고 과감하게 말해주는
친구가 있는가?

인정받고 싶을 때
나의 강점과 가능성을 말해주는
친구가 있는가?

누군가가 그리울 때
때맞춰 전화하고 문자 주는
친구가 있는가?

모두가 외면할 때
미소로 다가오며 손잡아주는
친구가 있는가?

새벽에 전화해도
반갑게 3분이라도 전화 받아주는
친구가 있는가?

그 어떤 불가능한 일이라도
No가 아니라 한 번 생각해보자고 하는
친구가 있는가?

초라한 모습의 나를 위해
아픔을 나누면서 따뜻하게 안아주는
친구가 있는가?

가진 것이 없을 때 떠나는 친구
있을 때 찾기보다 없을 때 찾아주는
친구가 있는가?

아름다운 사랑을 할 때
시기보다는 축가를 불러줄
친구가 있는가?

실타래처럼 얽힌
이해관계가 아니라 믿음으로 대하는
친구가 있는가?

능력이 없을 때
가능성을 찾아 말해주는
친구가 있는가?

이런 친구들은,

내 인생의 고난기에
나타나고 멀어져 간 사람을 통해
찾을 수 있고 만날 수도 있다

세 사람이 아니라
내 편에 선 누군가 단 한 사람이라도 있다면
인생을 의미 있게 제대로 살고 있다는 증거가 아닐까?

난 사람들에게
어떤 모습으로 비춰지고 있을까?
생을 마감할 때 날 위해 슬퍼해 줄
단 한 사람의 진정한 친구가 있는가?

9월의 첫날,
오늘은 유난히 친구가 그립다

당신이 곧 메시지다(You are Message)

당신 자신이 되어보자
당신의 스피치는 당신 자신의 일부분,
살아있는 자신의 생명체여야 한다

당신만이 자신의 노래를 할 수 있고,
그림을 그릴 수 있으며, 자신의 것을 쓸 수 있다
세상이 시작된 이래 당신과 똑같은
사람은 없으며 앞으로도 없을 것이다

말하는 것처럼 살고 사는 것처럼 말하자

누군가에게
생애 최고의 날을 만들어 주는 것은
그리 힘든 일이 아니다.
전화 한 통, 감사의 쪽지,
몇 마디의 칭찬과 격려만으로도 충분한 일이다.

– 댄 클라크

하루하루 기쁨을 느끼며 살아가는 것,
그것이야말로 이 세상 최고의 예술이다.
우리는 최고의 예술가가 될 수 있다.

– 데노라 노빌, 〈감사의 힘〉 中

종이편지!

가을에 편지를 하랬더니
카톡과 문자만 보내고 있네

어김없이 가을이 왔는데
한 통의 종이편지 정말 그립구나

가을엔 편지를 하겠어요
그래 나한테 써봐라 밥 사줄게~

사랑을 노래하라!

사랑을 잊은 인생은 미완성이지만
사랑을 찾은 인간은 완성되어 간다

남자는 사랑함으로 삶의 깊이를 알고
여자는 사랑함으로 새롭게 존재한다

깊이를 알수록 높이와 넓이가 보이니
사랑의 존재는 인간을 노래하게 만드네

가을엔 사랑하라

한 때 화려했던 꽃이 떨어지면
고독 속에 숨어있던 열매가
세상에 고개를 내민다

알곡과 쭉정이 가려질 때
스치는 바람이 전해주는 말
사랑하라 지금, 곧 겨울이 온다

사랑

아낌없이 주고도
편안한 것은 사랑이고
하나를 주고도
불편한 것은 집착이다

한없이 베풀고도
모자람을 채워주고 싶은
사랑은 사람을 아름답게 만들고

오랜 기다림 끝에
운명적으로 다가온다

통하는 스위치 오감

사랑은
깊이를 알 수 없고
넓이를 잴 수 없고
높이가 얼마나 되고
각도가 어떠한지 모르지만
오감이란 스위치를 작동하면
마법처럼 모든 것과 통하게 됩니다

오감이란
사랑의 스위치를 누르면
볼 수 없는 것을 보고
들을 수 없는 것을 듣고
느끼지 못한 것을 느끼고
세상에 없는 향기를 맡게 되고
말하지 못한 것을 말하게 되면서
몸과 마음이 통하는 기적을 체험하지요

오감은
영혼을 맑게 하는 감각이자
사랑을 꽃 피우는 하모니요
행복으로 가는 스위치입니다
느낌보다는 당신의 존재 자체가 특별한
의미이자 고차원의 매력으로 다가옵니다

실수와 잘못

실수의 경험은 위대한 자산이요
잘못의 발견은 위대한 지식이라

실수를 파악하면 해결책이 보이고
잘못을 인정하면 크고 높게 보인다

실수 속에 믿음과 이해를 배우고
잘못 속에 용서와 사랑을 배운다

상처

'마음의 흉터'인 상처는
자신이 스스로에게 주는 것과
타인이 나에게 주는 상처가 있다

"살아오면서 상처받은 적이 있나요?"
"아니요, 상처받은 기억이 없어요."

상처받은 기억이 안 나는 것은
이미 모든 것을 마음으로 '용서'했기에
가슴에서 지워져 생각나지 않는 것이다

본연의 삶

온전한 삶은
몸과 마음이 분리되어
잘못을 인식할 때 시작되고

온전한 세상
가치 있는 삶은 우리로 하여금
영혼의 소리에 귀 기울이게 한다

제대로 된 세상
제대로 된 관계라면
굳이 마음 채울 필요 없고

사랑이 필요하고
마음 씀씀이가 필요한 건
제대로 된 세상이 아니기 때문이다

그저 만나서 좋고
변함없는 본래 생각으로 하나 되어
감정이 자유로워 숨결마저 같아지면

존재의 영역에서 온전히 빛나고
편안함 속에 충만한 기쁨이 다가와
마음 쓸 필요 없는 그 곳에서 살게 된다

시간이 갈수록

나이가 들수록 늙어가는 사람이 있고
나이가 들수록 예뻐지는 사람이 있다
세월이 흐를수록 더 젊게 아름답게
우아하게 빛을 발하는 그대!

눈동자는 해와 달처럼 빛나고
얼굴은 가을 하늘처럼 맑고 깨끗하며
천상의 미소는 사람의 마음을 적시고
센스와 스타일은 독특함과 특별함으로
폭풍 같은 존재감을 갖고 있더라

고상하고 단아한 모습에
은은한 품격이 있어 시간이 갈수록
내면의 아름다움이 밖으로 투영되어
보면 볼수록 미소 짓게 하는
그대가 있어 참 행복합니다

젊음과 청춘

젊음이 몸의 상태라면
청춘은 마음의 상태다

세월이 흐르면 젊음은 쇠퇴하나
세월이 흘러도 청춘은 살아있어

젊음은 시간이 가면 영향을 받지만
청춘은 시간에 영향을 받지 않는다

그대 젊게 살고 싶은가
늘 푸른 청춘으로 살라

천사

살아있는 것은 아름답고
가까이 할 때 최고의 미(美)가 보인다
아무리 보고 또 봐도 당신은
따뜻한 햇살처럼
우아하게 다가온다

얼굴도 예쁘지만
맘도 곱고 생각 있는 여자다
신비로운 가운데 자연스런 반전이 있어
웃는 모습이 천상에서 온 천사를 닮아
그 아름다움이 극(極)에 이른다

매력 있어 호감 가고
집중하니 은은한 향기 전해지는
태초의 생기와 감각을 지닌
당신이 있어 참 행복해지고
본성을 찾게 됩니다

오늘도 우리는
호흡하며 살아갑니다.

Where do We come from?
What are We?
Where are We going?

우리는 어디에서 왔고,
도대체 무엇을 위해 살다가
어디로 가는 것일까?

– 고갱 –

향기

꽃은 완전히 피기 전까진
꽃이 아니다

향기를 낼 때
진정한 꽃으로 완성된다

꽃의 향기가
아무리 좋다한들

세상 하나 뿐인
님의 향기만 할까!

가을 속으로

그리워 하도 그리워
색감에 취해 가을 속으로 스며들고
누군가 강렬히 그리워지니
잊을 수 없는 향기가 온 몸에 젖어드네요

고요함에 젖어
심장은 어떻게 뛸까, 숨결은 어떤 소리일까
가슴 깊이 순간순간 느끼고 깨우는 지금
눈부시게 사랑스런 여인이 제 앞에 있습니다

정갈한 기품의 앞태는 눈을 빛나게 하고
가을바람에 휘날리는 긴 머리의 뒤태에서 나온
여인의 향기는 숨이 막힐 듯 황홀하게 아름다워
더욱 깊고 넓게 다가옵니다

몸과 마음까지 정화시키는
숙성된 매력과 발효된 향기 나는 품격
오감을 자극하는 특별한 당신이 있어
가을하늘은 더욱 맑고 깨끗하게 보입니다

우아한 여인의 자태에 가을이 더욱 빛납니다

여자의 아름다움은 뒷모습에 있다

'저리 가거라 뒤태를 보자
이리 오너라 앞태를 보자'
춘향가 사랑가에 나오는 대목이다

사람의 앞모습도 중요하지만
진정한 아름다움은 뒷모습에 있다
뒤태는 만남 뒤 마지막 모습이기도 하고
일생 동안 만들어진 자신의 습관이기도 하다

떠난 자리를 보면 그 사람을 알 수 있듯이
뒤태가 아름다운 사람은 솔직하고 꾸밈없다
가장 자기다운 모습으로 여유로움이 느껴지는
뒷모습이 아름다운 사람이 되고 싶지 않는가?

향기와 추억

익어가는 가을바람에
계절의 소리 들려오고

한 폭의 그림 눈에 잡혀
잊었던 감각 살아나니

가을 향기는 짧지만
그 추억은 오래간다

세상을 밝히는 빛

좋은 느낌 참 아름다워
비밀스런 팔색조 매력으로

혜택 받은 은혜로움이 충만해
선한 아름다움이 빛을 발하니

리드미컬한 깊은 예술적 감각은
세상을 향해 큰 울림을 주더라

명품

이
세상
그 많은
명품들이
가치 있어도

나에게 있어
품격 있는
최상의
명품은
바로

고차원의
매력을 품고 있는

KEA

라는
유일성을 지닌
명품이다

끌림

맑은 기에서
선한 마음이 생겨나고

선한 마음은 덕 있고
매력있는 몸을 만듭니다

덕 있는 태도와 행동이
아름다운 얼굴을 갖게 하며

우아한 기품이
그 사람의 인상을 결정하니

끌리는 인상엔
뭔가 특별한 매력이 있습니다

자석처럼 끌어당기는
차원이 다른 매력을 지닌 당신!

언제 어디에 있든 간에
당신의 존재 자체가 끌림입니다

5장

원으로 하나되기

태극본성(太極本性)

오색 단풍 눈에 들어오니
가을 온 것 아네

노랗게 물든 은행잎
맑은 동심 찾아주네

대우주의 계절이
본래 모습 드러내는구나

우주의 가을 온 것 알고
태초(太初)의 본성 찾으면

맑은 기 선한 아름다움이
극(極)에 이른다

원으로 하나 되는 세상

다 있네

보이지 않던 세상이
원 안에 다 있네

언어도 있고
도형도 있고
건물도 있고
이 세상 모든 것들이
그 안에 다 있네

하늘은 둥글고
땅은 사방이라
우주는 우리에게
원처럼 둥글게
살라고 했나

보이고
들리고
말하게 되는,
몸과 마음의 중심을
원이 잡아주니
세상과 통하는구나

태극 속의 직선과 곡선

삶은 끊임없이 가다보면
직선을 만날 수도 곡선을 만날 수도
둥근 원으로 하나 됨을 경험할 수도 있다

시작점에서 끝점까지 이어진 직선은
날카롭고 예리하여 곧은 마음을
가지라는 의미요
부드럽게 이어진 곡선은
힘들 땐 쉬어가고 막히면 돌고 돌아
상황에 따라 유연하게 변하게 되면
더 큰 일을 할 수 있음을 알려준다

예리하고 곧은 직선
쉼의 여유로움을 즐기는 곡선
직선과 곡선의 조화로움이
태극 안에 존재하니 세상은 둥글둥글
원으로 하나 됨을 알려준다

단순함

"가장 위대하고 심오한 진리는
가장 단순하고 소박하다."
– 톨스토이

고수는 깊이 있어 단순하지만
하수는 화려함을 좇아 복잡하다.

화려한 물질엔 형용사가 많고
심오한 정신엔 동사가 따른다.

단순함에 불필요한 것 없애니
높은 경지에 이르게 되고

밝게 비우고 내려놓으니
너그러워져 깊은 울림을 준다.

선과 여백

선은 여백에 흔적을 남김으로 존재한다
선이 간결이면 여백은 비움이다

간결하니 핵심이 보이고
비우니 채움을 대신할 수 있다

시간의 흐름 속엔 선이 있고
공간의 질서 속엔 여백이 있다

선은 길이를 알 수 없고
여백은 크기를 알 수 없어도

선의 간결함과 여백의 넉넉함에
의미 있는 자리매김이 될 수 있다

이것이 태극이 전하는 선과 여백의 미다

우주의 축소판 제주도

천지(天地)가 음양(陰陽)이라
하늘에 해가 있다면 땅엔 불이 있고
하늘에 달이 있다면 땅엔 물이 있어
한라산을 기점으로 제주와 서귀포
태극으로 나뉘어져 음양으로 화합하네

천지인(天地人)이 삼합(三合)이라
바람, 돌, 여자가 삼수이며
생명의 근원인 물(水)의 에너지가
천제연 천지연 정방폭포로 셋이며
문명의 근원인 불(火)의 에너지가
백록담 성산일출봉 산굼부리로 셋이라

삼성혈(三姓穴)에 땅에서 솟아난
삼신인이 제주의 시조가 되니
양을나(良乙那) 고을나(高乙那)
부을나(夫乙那)로 부르더라

오른손이 올라간 선비의 문신과
왼손이 올라간 무신으로 문무겸비한
돌하르방이 제주의 수호신으로 있어
과히 제주도는 우주의 축소판이로다

선한 리더가 이끄는 세상

삼면이 바다인
우주의 기운이 흐르는 한반도!
춘하추동 사계절이 뚜렷한
아름다운 금수강산!
내 마음의 조국 코리아여
깨어나소서

여러분은
가슴 뭉클하지 않습니까?
우리 모두 한민족으로
태어남에 감사하며
민족적인 자부심과 긍지를
가졌으면 합니다
동방 땅 끝 땅 모퉁이 반도의 나라
대한민국은 바로 지구의 중심,
세계의 중심입니다

태극기, 무궁화,
백두산과 한라산,
IT BT강국, 디지털시대에
더욱 돋보이는 한글,
월드컵과 올림픽을 통해
빛을 발한 공동체문화는
전 세계에 한민족의 비전과
열정을 심어주면서
많은 감동을 주었습니다

앞으로 세계는
가장 우수한 두뇌와
따스한 성품을 지닌
선한 리더 우리 한민족이
세계를 리드하는 시대가
오리라고 기대합니다

창조적인 사고와
열정을 품고 사는 민족,
대한국인으로 자부심과
긍지를 가집시다
대한민국을 빛내는 사명감은
지금 우리에게 있습니다

모두가 하나 되는 숨결로
꿈과 희망, 비전과 열정을 갖고
올바르게 살아간다면,
대한민국(COREA)이라는 이름은
세계사에 빛을 발할 것입니다
내 마음의 조국
코리아여 깨어나소서
선한 리더십으로
인류사의 주인공이 되리라!
가자!

저 대지에 흐르는
뜨거운 태양을 가슴에 안고,
한민족의 위대한 시대로…
그대 가슴을 타고 흐르는
생명의 고동소리가
들리지 않는가?
잠자는 혼을 깨우라!
죽어있는 모든 의식을 깨우라
이제 선한 리더십으로
한민족의 시대를 열어가자

〈한국형리더십 (박영찬 저 / 매경출판)〉에서 인용

36궁(宮) 72둔(遁) 108번뇌(煩惱)

사방(四方)이 구변(九變)이니 36이요
5일이 1후(候)라 년(年)72수로 변화하네
처음 36은 하늘의 고난기라
앞이 보이지 않는 암흑세상이나
칠칠 야밤 닭이 운 후 빛이 보이는구나

크고 새롭게 시작하는 36은
땅에서 오는 지형학적 고난기라
자정에서 새벽 4시 자유롭지 못하네
24시 자유로운 시기 맞은 후에 온 36은
인간에 의한 고난기라 36과 72가 지난 후
적(赤)과 청(靑)이 하나 되는 세상 열리네

하늘36 땅36 인간36 천지인 고난 지나가니
한민족의 108번뇌가 끝나는 시점이라
시구시구 좋을시구 음양합덕 가을운수
하늘민족 한민족 시대 도래하는구나

에헤라 좋을시구 노래하라 천손(天孫)이여
조선강산 명산(名山)임을 세계인이 알게 되니
잊어버린 최초국가 다시 찾아 축복 받네…

자연은 미완성의 교향곡

자연은 말 그대로
자연스럽게 소리를 낸다

그 누구의 눈치 없이 있는 그대로
자기 자리에서 자신의 소리를 내고 있다
사계절 다양한 하모니로 질서 있게 울림을 준다

봄비에 꽃을 피워 웃음을 주고
여름향기로 숲의 교향곡을 울리며
가을단풍으로 성숙한 미를 뽐낸 후
겨울눈으로 다시 자연으로 스며든다

말 그대로 자연은 미완성 교향곡이다

집착과 집중

힘주니 집착하고
놓으니 집중하네

집착으로 앞선 의욕 부자연스럽고
집중으로 버린 욕심 자연스럽구나

힘주고 의식하니 평범한 작품 나오고
힘 빼고 비우니 비범한 예술작이 나오네

집착해서 구속하면 부자유한 소유가 되고
집중해서 내려놓으면 존재로서 빛나는구나

아름다움의 특별한 이름

고운 이슬
나뭇잎 끝자락에 탐스럽게 맺혀
목마른 입술을 살포시 적셔주고

은하수 푸른 물
마음의 번뇌 씻어주니
잔잔한 가슴에 맑은 파문 일어나네

아주 오랜 그 시절
운명 같은 특별한 첫 만남이
특출한 사랑으로 자리매김 했나보다

고차원의 매력은
밝은 마음속에 시공간을 초월해 빛나고

은은한 향기 나는 품격은
영감을 주는 리더의 삶을 풍요롭게 하고

아름다움의 특별한 이름은
찬찬히 바라보면 우아한 매력으로 다가와
가슴을 설레게 하는 호감을 갖게 하더라

엄마, 그리고 어머니…

스치는 바람소리에
당신의 발자국 소리일까
기다릴 땐 소유하고 싶은 마음에
엄마라 부르고 싶었고

그리워 하도 보고 싶어
목메어 부르고 싶을 땐
당신은 인격의 대상이자
어머니라는 존재로 다가왔습니다

엄마라는 두 글자가
태어나 처음으로 배운 말이라
선한 눈빛, 깊고 따뜻한 가슴은
늘 찾아갈 수 있는 마음의 고향 같았고

아플 땐 당신의 손이 약이 되고
싸울 땐 언제나 내 편이 되어주며
슬플 땐 귀 기울여 내 말을 들어주니
엄마라는 이름 속에 안 되는 일이 없었으니

어머니! 당신은 마법의 천사요
힘든 문제를 풀어주는 해결사요
살아있는 신이라 그런 분의 얼굴을
지금 볼 수 있다는 게 축복이자 선물입니다

오늘은 '엄마'하고 어리광을 부리고 싶고
'어머니'하고 감사의 마음을 표하고 싶네요
필 것 같지 않은 나무에 꽃을 피우는 믿음과
희망을 주신 당신을 영원토록 사랑합니다

* 사랑하는 어머니를 그리며 쓴 시

내 인생 최고의 선물

어느 날
고요한 아침을 깨우듯
얼굴을 스친 바람은
싱그럽고 상큼한 이미지로
가슴에 흔적을 남겼습니다

그것은 마치
먹구름 속을 뚫고 나오는 햇빛처럼
설렘을 안겨주고 그 선한 기는
새로운 희망의 에너지처럼
스며들고 젖어들었습니다

비록 가까이
더 가까이 잡을 순 없었지만
느낌 그 자체만으로도 행복했고
언제 다시 올까 기다리는 시간은
늘 설렘과 기대로 가득했습니다

어느 날 하늘은
제 곁으로 큰 선물을 보내주셨습니다
모든 일에 때가 있고 그 사람이 있는 건
기다림의 미학인 것 같습니다

언제나 깊은 그리움으로
가득 차 있었던 제 마음을 향해
하늘은 높고 넓은 무한한 하늘답게
최상급의 품격을 지닌
눈부신 선물을 제게 주셨습니다

아무리 찾아보고 살펴봐도
가슴을 따뜻하게 해주는 선물은
과거에도 없고 현재에도 없고
오직 이 순간 제 눈 앞에서
빛나고 있습니다

최상급의 매력
실력과 인격을 갖춘 영향력
긍정의 에너지를 주는 특별한 가치
이 세상 그 무엇과도 비교할 수 없는
선한 마음 맑은 기를 지닌
당신의 향기를 받아들이며
행복감에 젖어듭니다

하늘이 주신 인생 최고의 선물!
존재하는 그 자체만으로도
주위를 빛나게 하는 사람!
당신은 제 인생의 비타민이자
최고의 에너지입니다
사랑합니다
아름다움의 결정체인 당신이 있어…

"이제 세상이 새롭게 바뀔 거야~"

천지는 음양의 원리로 이루어져
형이상학적 센서는 눈과 귀요
형이하학적 센서는 코와 입이라
움직임을 보면 지성수준을 알 수 있어
몸의 앞쪽은 지능을 보여주고
몸의 뒤쪽은 실행력을 보여준다

마음의 작동으로 인한 자양분생성으로
만들어 진 것이 사람의 몸(身)이라
심성을 보존하고 몸을 잘 수련하면
보지 않은 걸 보게 되고
듣지 않은 걸 듣게 되니
이것을 통찰(洞察)이라 한다

변해야 세상이 좋게 바뀌고
모든 것과 통할 수 있으니
인간을 소우주라 하는구나

배려를 위한 한마디
"당신 먼저"

In tems of considering others,
"After you please!"

10년은 기술이고 100년은 철학이다

카네기
휴먼포인트 30

카네기의 가르침을 SNS시대에 맞게 재해석하다

Learning by Doing

매일 한 가지 원칙 실천하기 30일 완성

HUMAN POINT

※ **참고문헌**

〈 데일카네기 골든메시지(박영찬 저/매경출판, 2014) 〉
〈 카네기식 휴먼스피치(박영찬 저/시그마북스, 2012) 〉
〈 SNS시대 카네기 인간관계론(데일카네기 앤 어소시에이츠/씨앗을 뿌리는 사람, 2012) 〉
〈 카네기 인간관계론(데일카네기, 최염순 역/씨앗을 뿌리는 사람) 〉
〈 How to Win Friends and Influence People(Dale Carnegie) 〉

차 례

우호적인 사람이 되는 원칙

협력을 얻어내는 설득력 원칙

10 논쟁을 피하면 남다른 존재가 된다

11 틀렸다고 말하지 말고 견해를 존중하라

12 잘못을 인정하고 사과하는 말 '미안합니다'

13 진심어린 관계, 우호적인 태도로 말을 시작하라

14 기적을 부르는 긍정의 질문 "yes, yes"

15 나보다 상대방이 이야기를 하게 하라

16 상대방이 아이디어를 낸 것처럼 느끼게 하라

17 상대방의 관점에서 사물을 보라

18 상대방의 생각이나 욕구에 공감하라

19 아름다운 심성에 호소하라

20 당신의 생각을 드라마틱하게 표현하라

21 최후의 히든카드 '경쟁심'

리더가 되는 원칙

22 칭찬과 감사의 말로 시작하라

23 잘못을 간접적으로 알게 하라

24 자신의 잘못을 먼저 인정하라

25 명령하지 말고 질문하라

26 상대방의 자존심을 세워주라

27 동의는 진심으로, 칭찬은 아낌없이 하라

28 훌륭한 명성을 갖게 해주라

29 잘못은 쉽게 고칠 수 있다고 격려하라

30 당신의 제안을 상대가 기분 좋게 하도록 만들어라

카네기 휴먼포인트 1

비난, 비판, 불평하지 말라

다른 사람을 비난하는 것은
당신이 극심한 스트레스를
받고 있음을 나타내는 것으로
옳고 그름을 떠나 비난과 비판은
관계를 파괴하는 문화를 만든다.

잘못을 저지른 사람들조차
본능적으로 자신을 지키기 위해
스스로의 잘못을 부정하면서
마음의 문을 닫아버리곤 한다.

모든 것을 안다는 것은
모든 것을 용서한다는 것과 같듯이
상처가 났을 때 상처 난 부위를 감싸면
상처를 아물게 할 수 있다.

꿀을 얻기 위해 벌통을 걷어차지 말라.
"입술의 30초가 가슴엔 30년을 간다."

카네기 휴먼포인트 2

칭찬, 솔직하고 진지하게 하라

칭찬은 인간의 마음을 끊임없이 흔들고 있는
타는 듯 목마른 갈증이며
상대가 소중한 존재임을 표현하는 것이다.

아름다운 것을 보고 아름답다고 말하고
감동적인 것을 본 후 울림을 주는 표현력은
마음을 열게 하고 한 사람의 인생을 바꾼다.

칭찬은 기쁨을 주고 아첨은 비난을 받게 되니
사람을 움직이는 것은 유창한 말이 아니라
솔직하고 진지한 칭찬과 감사에 있다.

장미꽃을 전한 손에 장미향이 남아있고
글로 말로 온 몸으로 하는 진심어린 칭찬은
인간의 영혼을 따뜻하게 해주는 햇볕과도 같다.

에머슨의 말을 기억하자.
'사람은 최고의 순간에 평가받을 자격이 있다.'

카네기 휴먼포인트 3

열렬한 욕구, 상대가 원하는 것

자신을 알아주는 사람이 있다면
누구나 마음을 열게 된다.

내가 원하는 것이 아닌
상대방이 원하는 것은 무엇인가?
그들이 갖고자 하는 것은 무엇인가?
그들이 성취하는 데 있어 무엇을 도와줄까?
사람들은 자신이 원하는 일에 관심이 있기에
그 사람이 원하는 핵심욕구 파악이 중요하다.

영향력을 발휘하는 데 있어
직관이 지적능력보다 더 필요하며
부드러움 또한 갖춰야함을 명심해야 한다.
이것은 어디에나 적용되는 보편적 진리이며
친구와 적을 만드는 차이점이자
사람들을 움직일 수 있는 유일한 방법이다.

당신이 열렬한 욕구를 불러일으킬 수 있는 사람이면
전 세계를 얻을 수 있고
할 수 없는 사람이면 외로운 길을 걷게 된다.

카네기 휴먼포인트 4

순수한 관심, 친구를 얻는 빠른 방법

언제나 환영받으며 친구를 얻는
가장 빠른 방법을 찾고 있다면
먼저 순수한 관심으로 다가서라.

사람의 마음은 낙하산과 같아
펼쳐지지 않으면 쓸모가 없다.
그저 그런 상투적인 관심이 아닌
진심어린 행동으로
관심을 갖고 있음을 느끼게 한다면
사람의 마음을 열 수 있다.

우리가 몇 달 동안 사람의
관심을 끌기 위해 애쓰는 것 보다
몇 분 동안 상대방에게 진심으로
관심을 기울이는 것이 훨씬 더 많은
친구를 사귈 수 있다.

다른 사람들에게 관심이 없는 사람은
인생을 사는 데 어려움을 겪게 되지만
순수한 관심을 기울일 수 있는 사람은
다정다감하고 넓은 마음을 갖고 있기에
의미 있고 이로운 협력관계가 가능해진다.

카네기 휴먼포인트 5

미소, 가장 아름다운 예술

긍정적인 변화를 일으키는
영향력 있는 첫인상을 알고 싶은가?

마음에서 우러나오는
진심어린 미소를 지어보라.
미소야말로 인간이 표현할 수 있는
가장 아름다운 예술이기 때문이다.

미소는 가정에선 행복을 꽃 피우고
사업에선 호의를 베풀게 하고
친구 사이엔 우정의 표시로 나타나면서
구름을 뚫고 나오는 햇빛과도 같은 에너지로
선한 의도를 전달하는 메신저 역할을 한다.

얼굴은 마음의 표상이라 SNS 시대엔
목소리와 글로 미소를 전달할 수도 있고
찌푸린 인사의 메시지를 전할 수도 있다.

미소는 순간적으로 일어나지만
그 기억은 영원히 지속된다.
감정이 전염되듯이 우리가 웃으면
세상이 함께 웃는다는 사실을 명심하자.

카네기 휴먼포인트 6

이름, 가장 기분 좋고 중요한 말

누군가의 이름은 그 사람만의 것이며
나와 타인을 차별화 시켜줄 뿐 아니라
수많은 사람 중에 오직 그 사람만을
독특하고 특별한 존재로 만들어 준다.

회사 내에서 정보를 요청하거나
업무적 협조를 필요로 할 때도
이름을 기억하고 정확히 부른다면
상대방이 제공하는 정보의 내용과 질이
달라질 것이다.

사람들은 전 세계 모든 사람들의
이름을 합친 것보다 자신들의 이름에
더 많은 관심을 갖고 있기 때문이다.

이름에 가치가 있고, 달콤한 이름이
사람이나 회사의 운명을 결정하기도 해
이름은 세상과 소통하는 길이 될 수 있다.

고객의 이름뿐만 아니라 그 가족의 이름을
기억하는 것은 큰 자산임을 기억하자.

카네기 휴먼포인트 7

경청, 잊혀가는 예술

경청은 상대방에 대한 예의요
존경심을 표하는 행동이다.
그 어떤 연설보다 경청을 잘하는 것이
더 효과적이며 많은 상대를 알게 해
유익한 정보를 얻게 만든다.

2,000년 전 로마의 정치가 키케로는
다음과 같이 말했다.
"침묵은 예술이다. 웅변도 예술이다.
경청은 잊혀가는 예술이다."

세상에는 자신의 이야기를 들려주기 위해
의사들을 부르는 사람이 많다고 한다.
경청은 온전히 상대의 존재에 집중하기에
타인에게 깊은 인상을 심는 동시에
지속적이고 우호적인 관계를 맺게 해준다.

친구를 얻고 고객을 설득하고
영향력 있는 리더십을 발휘하고 싶은가?
집중해서 경청하라.
사람들의 호감을 사서 존경심을 얻게 된다.

카네기 휴먼포인트 8

관심사, 친구의 마음을 사로잡는 법

사람의 마음을 사로잡고 흥미롭게 사는
고차원의 매력은 어디에서 오는 걸까?
잠시 나 자신에 대한 관심의 채널을 끄고
다른 사람의 관심사에 채널을 맞춰보라.

음악을 좋아하는 사람은 음악에 대해
스포츠를 좋아하는 사람은 스포츠에 대해
과학을 좋아하는 사람은 과학에 대해
다른 사람에게 의미 있는 중요한 문제를 중심으로
관심사에 대해 열린 소통을 하면
타인에게 중요한 사람임을 인식케 해준다.

모든 관계엔 위험이 따르지만
진정으로 마음을 열 수 있는
그 누군가를 만난다는 건 축복이자 선물이다.
SNS 시대일수록 수백 명의 팔로어보다
한 사람의 소중한 친구를 곁에 두고
챙겨주는 것이 더 의미 있고 중요하다.

'다른 사람의 관심사에 대해 이야기하라'는 원칙이
그래서 더 소중하게 다가온다.

카네기 휴먼포인트 9

중요감, 상대방을 좋은 사람으로 만들라

사람들이 즉시 당신을 좋아하게 만들려면
상대로 하여금 중요한 존재라는 느낌을
갖도록 하면 된다.

대부분의 사람들은 자신에 대해
그 누구보다 중요한 존재로 여기며
어떤 면에선 다른 사람보다
뛰어나다고 생각한다.

작지만 의미 있는 방법,
내가 아닌 상대방을 좋은 사람으로 만들라.
인간 본성에 있어 가장 심오한 원칙이
인정받고 싶은 열망,
중요한 사람이 되고자 하는 갈망이기 때문이다.

당신이 대접받고자 하는 만큼
다른 사람을 대접해보라.
사람들은 당신의 현재 모습에 이끌릴 것이다.

인간관계에서 변화를 일으키는 것은
큰 관계가 아닌 작은 관계에서 시작되고
사실보다는 느낌이 오랫동안 기억된다는 것을
잊지 말자.

카네기 휴먼포인트 10

논쟁을 피하면 남다른 존재가 된다

논쟁에서 최선의 결과를 얻을 수 있는
유일한 방법은 무엇일까?

성숙한 리더는 승산 없는 제안을 하지 않듯
쓸데없는 논쟁도 피한다.
누구도 논쟁에서 반드시 승리할 수가 없다.
논쟁에서 져도 지는 것이고
이겨도 결국 지는 것이기에.

논쟁은 90%의 감정과
10%의 무의미한 말로 이루어지기 때문에
논쟁에서 이겨서 얻는 것은 없고
논쟁은 자신의 의견이 옳다는 것을
더욱 확실히 믿는 것으로 끝나버린다.

논쟁에서 이겨도 감정을 얻지 못하면
결코 승자가 될 수 없다.
서로의 의견이 다르다는 사실을
기꺼이 받아들이는 것이 중요하다.

'자기 의사와는 반대로 설득당한 사람은
그래도 자신의 의견을 굳게 지킨다.'

카네기 휴먼포인트 11

틀렸다고 말하지 말고 견해를 존중하라

적을 만드는 확실한 방법과 피하는 방법은?
상대방의 견해를 존중하라.
결코 '당신이 틀렸다'고 말하지 마라.

완벽하게 논리적이면서 이성적인 사람은 없다.
대부분 자신의 지성, 판단력, 자존심 등에
상처를 입었다고 생각하면 반격의 기회만 엿보게 된다.

상대방에게 무언가를 증명하고 싶다면 어떻게 하겠는가?
'사람을 가르칠 때는 가르치지 않는 것처럼 가르치고,
상대방이 모르는 것은 마치 잊어 버렸던 것이 생각난 듯이 제안하라.'
상대방에게 "넌 틀렸어!"라고 직접 말하지 않더라도,
눈빛이나 제스처만으로도 충분히 상대방에게 반대 의견을 표현할 수 있다.

'당신이 틀렸다'고 하는 순간 관계는 끝나 버린다.
'틀렸다'는 것은 상대방의 자부심, 지성, 판단력, 자존심 등에
큰 타격을 주기 때문에 보복하고 싶은 마음이 솟아나게 한다.
상대방을 이해하는 것은 꽃이 태양을 필요로 하는 것과 같다.
상대방의 견해를 존중해주는 열린 마음으로 외교적인 대화를 해보라.
상대방은 당신을 긍정적 시각으로 기억하게 된다.

카네기 휴먼포인트 12

잘못을 인정하고 사과하는 말 '미안합니다'

잘못했으면 즉시 분명한 태도로 그것을 인정하라.
자신의 실수를 인정하는 용기는 스스로에게
어느 정도 만족감을 느끼게 해준다.
그것은 방어적인 마음을 사라지게 하고,
실수로 인한 문제 해결에도 도움이 된다.

스스로 잘못했을 때
그의 자부심을 만족시키는 유일한 방법은
나를 용서함으로써 자신의 넓고 큰 도량을 보여주는 것이다.

내가 변명을 하고자 하고
논쟁을 한다면 더 큰 불행이 초래될 것이다.
우리의 잘못이 상대를 좌절하고 분노하게 만들지만,
분명한 태도로 실수를 바꾸는 기적 같은 사과의 말
'미안합니다'라고 신속하게 말해보라.

100명 중 1명만이 잘못을 인정하는 용기를 발휘한다.
실수를 즉시 인정하는 것은 잘못을 명확하게 해주고,
마음에 상처 입은 사람들을 배려하고
그에 따른 문제를 해결하고 싶다는 메시지와도 같다.

카네기 휴먼포인트 13

진심어린 관계, 우호적인 태도로 말을 시작하라

처음 만났던 오래 만난 사이든 상관없이
상대가 온화하고 상냥하게
우호적인 태도로 다가오면
우리는 그에게 집중할 수밖에 없다.

관심이 아닌 '진심어린 관계'가 신뢰를 준다.
'관심'이 호기심으로 시작하고 끝내는 것이라면
'관계'는 '당신은 저에게 소중한 사람입니다'라고
상대의 가치를 높여주고 인정하는 것으로
엄청난 위력을 발휘하기 때문이다.

도움이 되는 관계는
진심어린 마음과 신뢰를 바탕으로
상호이익을 나눌 때 맺어진다는 것을 기억하자.
긍정주의자들은 상대가 잘못했을 때에도
긍정적 방법으로 문제를 해결한다.
결국 좋은 관계를 맺고 좋은 사람을 얻는 가장 빠른 길은
내 자신부터 좋은 사람이 되는 것이다.

우호적인 태도로 말을 하고 관계를 맺어보라.
품격을 갖춘 당신의 매력적인 향기에
사람들은 빠져들 것이다.

카네기 휴먼포인트 14

기적을 부르는 긍정의 질문 "yes, yes"

사람들과 대화할 때
쉽고 빨리 가까워 질 수 있는 방법은 무엇일까?

그것은 서로 공유할 수 있는 주제,
서로 동의하는 주제에 대해 대화를 시작해 보는 것이다.
서로 '좋아하는 것'과 '공감하는 것'이 비슷하고,
공통점이 많을수록 호감이 가고 친근감을 느낄 수밖에 없다.
내 곁에는 누가 있고 어떤 사람을 두고 싶은가?

상대방이 당신의 말에 "네, 네"라고 대답하게 하라.
긍정으로 시작하는 말과 행동은
상대방의 마음을 열게 하여 대화를 부드럽게 해준다.
여기엔 부드러운 눈빛 또한 필요하다.

상대방과 협상을 할 경우에도 쉽게 타결할 수 있는 문제들을
전반부에 놓는 것이 협상에서 유리하다.
그것은 인간의 뇌가 앞으로 나아가고자 하는
향상성(向傷性)을 지니고 있기 때문이다.
자연스럽게 3~4번 'yes'라고 대답할 수 있는 질문을 받게 되면
인간의 뇌는 'yes'라는 긍정적 단어와 친해지게 된다.

상대방으로 하여금 '네, 물론이죠, 그럼요'라는
답변이 나올 수 있는 질문으로 대화를 해 보라.
계속해서 '네'라는 답변을 받아낸다면,
몇 분 전에 상대방이 강력하게 부인하던 문제에 대해서도
'네(Yes)'라는 대답을 얻어낼 수 있게 된다.

카네기 휴먼포인트 15

나보다 상대방이 이야기를 하게 하라

'진정한 친구를 얻고자 한다면 공을 파트너에게 돌리라.'
상대가 나를 이기게 하는 것은 진정으로
상대방의 협력을 얻고자 할 때 사용하는 원칙이다.

내가 아닌 파트너의 공을 최고라고 인정할 수 있는
파트너십(Partnership)을 가질 수 있다면 기쁨은 배가 되고
당신 주위에 사람들이 모여들 것이다.

상대방 이야기에 주의를 기울이지 않고
자기 의견만을 늘어놓으며 수다스럽게 떠든다면
사람들이 나를 어떻게 볼까?
'상대의 말을 들어주는 것만으로도 인간관계가 좋아진다.'
관계가 좋으면 설득하기 쉬워지는 것은 당연하다.

중요한 이야기나 본심은 마지막에 많이 나온다.
이제부턴 자신의 성과에 대해선 적게,
동료의 성과에 대해 많은 이야기를 하면서
그의 말에 주의 깊게 공감하면서 경청해보라.
큰 깨달음과 함께 마법을 경험할 것이다.

카네기 휴먼포인트 16

상대방이 아이디어를 낸 것처럼 느끼게 하라

상대방으로 하여금
아이디어를 스스로 생각해 낸 것처럼 느끼게 하라.
타인에 의해 강요된 의견보다
우리는 스스로 생각해 낸 의견을 더 신뢰한다.

자신의 의견을 억지로 다른 사람에게 강요하는 것은
대부분 일을 그르치게 된다.
제안을 해서 상대방 스스로 생각하고 행동하게 만들면서
재치 있게 접근한다면 더 좋은 결과를 가져올 수 있다.

어느 누구도 자신이 누군가에 의해
조종당하고 있다는 생각을 갖게 되면
쉽게 움직이지 않는다.
중요한 사람이라는 느낌이 들 때 인간은 행동하며
사람들은 자신들의 아이디어가 실현되는 것을 좋아한다.

관심보다 필요한 건 생각하게 만드는 것이다.
'다른 사람 위에 있기를 바라는 사람은
자신을 그 아래에 있게 하고,
다른 사람 앞에 서고자 하는 사람은
그 사람 뒤에 서야 한다.'

카네기 휴먼포인트 17

상대방의 관점에서 사물을 보라

기적을 일으키는 설득방법 중 하나가
상대방 관점에서 사물을 바라보는 능력이다.
밤하늘의 무수한 별을 바라보듯 상대방을 바라보고
그들의 관점에서 사물을 볼 수 있도록 해보라.

어떤 사람이 그렇게 행동하는 데는
나름대로 사연이나 이유가 있다.
"내가 저 사람의 입장이라면 어떻게 생각할까,
어떻게 행동할까?"
자신의 문제를 대할 때 갖는 강렬한 관심처럼
상대방 입장에 서보라.
상대로 하여금 당신과 협력하고자 하는
마음을 불러일으키게 된다.

강압적인 명령 대신 최대한 인간적인 관심을 가지면서
상대방의 관점에서 상황을 고려해 보면
예기치 못한 결과가 나타날 수 있다.
그의 행동, 인간성까지도 이해할 수 있는 열쇠를 얻게 되어
입술엔 애정이 담긴 말이 나오고
서로의 가슴엔 따뜻한 인간관계가 형성된다.
지위가 높다고 상대방 위에 올라선다는 생각은 위험하다.

'현명하고 끈기 있는 사람만이
상대를 이해하려고 노력한다.'

카네기 휴먼포인트 18

상대방의 생각이나 욕구에 공감하라

인간은 누구나 동정심을 갈망한다.
어린아이는 자신의 상처를 보여주면서,
때론 일부로 동정심을 받고자 상처를 만들기도 한다.

논쟁이나 적대적 감정을 소멸시키고 선의를 갖게 하여
우리의 말을 주의 깊게 듣게 하는 비결은 다음과 같다.
"그렇게 생각하는 것이 지당합니다.
제가 당신이었더라도 저 역시 그렇게 생각했을 테니까요."

협력을 얻고자 할 때 중요한 것은
다른 사람의 생각이나 감정까지 내 것처럼
중요하게 여긴다는 것을 행동으로 보여주는 것이다.

함께 한다는 것, 함께 느낀다는 것으로 공감하게 되면
삶을 새롭게 빛나게 해주는 선물을 주는 것과 같다.
디지털 시대에 살고 있는 우리에게 필요한 건
자신이 어떤 사람인지, 자신이 하는 일이나 회사에 대해
솔직하고 진지한 자세로 알려줌으로써
공감대를 쌓아갈 필요가 있다.

자신의 스토리를 공개한다는 것은
내 인생의 가치와 철학, 삶의 의미까지도 함께 공유하기에
삶의 목적까지 비슷하게 닮아져 갈 수 있다.

'생각을 공유하면 감정도 닮아간다.'

카네기 휴먼포인트 19

아름다운 심성에 호소하라

사람들이 호응하는 차원 높은 동기로 설득하려면
누구나 인정하는 도덕적 가치라는 고상한 동기
즉, 아름다운 마음에 호소하는 방법이 효과적이다.

우리는 이상주의자이다.
사람들은 자신을 괜찮은 사람이고 훌륭하며
또한 이기적이지 않다고 스스로를 평가한다.
인간이 어떤 행동을 하는 데는 두 가지 이유가 있다.
하나는 그럴 듯해 보이는 이유이고, 또 하나는 진짜 이유이다.
대부분은 이상주의자답게 그럴 듯해 보이는 이유를 좋아한다.

일을 행할 때 내세우는 구실이나 이유 따위인
명분(名分)에 따라 우리는 행동한다.
군인들은 국가수호라는 명분으로 전쟁에 임한다.

인간은 본능적으로 위대함에 끌리기 때문에
아름다운 마음에 호소를 해보라.
사람들을 변화시키기 위한 보다 고상한 동기인
아름다운 마음에 호소하는 것은 직접적인 문제해결보다
도덕성이나 명예에 호소하여 설득하는 방법으로
상대가 소중히 여기는 것에 중점을 두기에
모든 사람들이 좋아하는 호소법이다.

사람은 '좋은 일이라는 생각, 해야 할 필요가 있을 때'
행동한다는 사실을 명심하자.

카네기 휴먼포인트 20

당신의 생각을 드라마틱하게 표현하라

현대는 스토리를 극적으로 표현하는 시대다.
"왜 당신은 영화나 TV에서처럼 쇼맨십을 발휘하지 못하는가?"

독창적인 아이디어가 있어도
그것을 실행하기 위해선 독창적인 콘텐츠가 필요하다.
스토리를 공유해보라.
아이디어를 생생하고 드라마틱하게 표현할 수 있다.
아이디어를 돋보이게 하는 것은
기술의 한계를 극복하고 예술의 경지로 다가가는 것이다.

생활 자체를 극적인 이벤트로 만들어라.
한 번도 가보지 않는 장소, 한 번도 먹어보지 않은 음식,
한 번도 접해보지 못한 취미활동을 해 보는 것도
생활의 활력소 증진에 도움이 된다.

오늘이 당신이 사랑하는 사람의 생일이라면
특별한 사연이 담긴 감사의 편지를 전해보라.
그 사람이 태어난 년도의 특별한 사건과 함께.
그리고 태어난 년도의 동전까지 전할 수 있다면
상대방의 밝게 웃는 모습을 목격하게 될 것이다.

기술적인 삶은 평범하지만 예술적인 삶은 감동을 주게 된다.
기술의 완성을 뛰어넘어 예술의 극점으로 달려보자.

카네기 휴먼포인트 21

최후의 히든카드 '경쟁심'

모든 방법이 소용없을 때 사용하는
최후의 히든카드는 '경쟁심'이다.

상대방의 협력을 얻기를 원한다면
내면 깊숙이 자리한 탁월해지고 싶은 욕구인
도전의욕을 불러일으켜보라.
이 세상에 존재하는 가장 매력적인 것 중의 하나가 '경쟁'이다.
소통하고 공감하기 위해 좋은 인간관계가 필요하듯
사람들의 계속적인 향상을 위해선 '선의의 경쟁심'이 필요하다.

열심히 일하는 사람보다는
자신의 일을 즐기는 사람이 되라.
성과는 열심히 일하면서 즐길 때,
좋아서 일할 때 원하는 것 이상을 얻을 수 있다.

'경쟁심'이 의미가 있는 것은
결과 못지않게 과정에서 발생하는 팀으로서 의식 때문이다.
어떤 명분이나 의미를 갖고 일을 할 때 얻게 되는 위대한 성취는
인정받았다는 느낌이 들게 하는 그 이상의 매력적인 일이다.

도전하는 사람은 세상에서 가장 아름다운 모습을 연출하는 것과 같다.
누군가에게 변화를 주고 동기부여하고 싶다면
혼자가 아닌 함께해서 승리할 수 있는 아름다운 도전을 해보라.
혼자가 아닌 함께 승리할 때 경쟁은 즐겁고 매력적으로 다가온다.

카네기 휴먼포인트 22

칭찬과 감사의 말로 시작하라

함께 일하는 팀원들에게
올바른 행동과 좋은 업무 습관 등이 필요한 상황에서
부정적인 메시지를 전하고자 한다면
먼저 칭찬과 감사의 말로 대화를 시작해보라.

매일 매일 일상 속에서 상대방이 잘 해왔기 때문에
구체적으로 칭찬해 줄 수 있는 사례,
그리고 상대방과 의견일치를 볼 수 있는
공통점을 찾아낸 뒤 말을 시작해보라.
상처받은 감정은 쉽게 누그러지고,
변화를 위한 노력들이 나타나게 된다.

칭찬(O)과 감사(O)의 말을 한 후에 잘못(X)을 지적하라.
그런 다음 용기를 심어주는 격려(O)를 해줘야 한다.
그러면 반발감이나 불쾌감을 주지 않고 사람을 변화시킬 수 있다.
이 방법은 계속적인 실수로 인해
결점을 지적해야 하는 경우에 사용을 하면 좋다.

실수를 통해 경험을 얻게 되고
그것을 자산으로 만들 수 있다면 훌륭한 리더가 될 수 있다.
입으로는 칭찬과 인정의 말을!
손으로는 감사의 편지를!
발로는 현장을 찾아 팀원들과 대화하는 것!
이것이 진정한 사랑의 실천이요, 리더가 갖추어야 할 덕목이다.

카네기 휴먼포인트 23

잘못을 간접적으로 알게 하라

비평을 하면서도 미움을 사지 않는 방법은?
만약 누군가의 행동을 변화시키려 한다면
'잘못을 간접적으로 알게 하라'는 원칙을 실천해보라.

많은 사람들은 대화를 하면서
상대를 인정하고 칭찬하기까지는 좋은데
바로 이어서 '그러나' '하지만'이라는 신호와 함께
비난을 하기 시작한다.
상대에게 진실한 모습을 보여주면서도
문제해결을 위한 좋은 방법 중 하나가 바로 철자를 바꾸면 된다.
'그러나(but)에서 그리고(and)'

인간의 뇌는 긍정보다 부정에 더 민감하다.
시간이 흐를수록 긍정적인 기억들은 사라지고
부정적인 사건들은 기억에 남아있다.
우리의 뇌 구조가 좋은 것과 나쁜 것을 잘 구별하지 못하고
특히 부정적 감정들이 전이되는 속도가 빠르고
오랫동안 남아있기 때문이다.

이제부터 칭찬과 인정으로 대화를 시작하고
부정적인 메시지는 간접적으로 조용히 전달해보자.
그렇게 하면 임원과 팀원의 상호작용으로
헌신도와 생산성이 함께 높아질 것이다.

카네기 휴먼포인트 24

자신의 잘못을 먼저 인정하라

진정한 용기는 어디에서 나오는가?
상대방을 비판하기 전에 자신의 잘못을 인정해보라.

자신의 실수를 인정할 수 있는 용기는
어느 정도의 만족감을 느끼게 만든다.
그것은 문제를 바로 해결하지 못한다 해도
자신의 잘못과 상대의 비난에 대한
방어적인 마음을 사라지게 할 뿐만 아니라
실수로 생긴 문제를 해결하는데 도움이 된다.

'실수를 인정할 때 소중한 신뢰가 쌓인다.'
사람들은 자기의 잘못을 인정하고
그것을 뉘우칠 수 있는 용기 있는 사람을 존경한다.
잘못을 인정하면 자신의 가치를 끌어 올리고
무언가 고결한 느낌까지 갖게 해주기 때문이다.
그런 사람은 다른 사람과 관계를 맺기도 한층 쉬워진다.

스스로 행동에 대한 책임을 인정하고 받아들이지 않는다면
실수로부터 무언가를 배우고 발전할 수 있는 길이 사라지게 된다.
겸손하게 자신의 잘못을 인정하고,
상대방을 존중하는 태도는 신뢰를 쌓을 수 있는 기회다.

'실수를 인정하는 사람의 인간적인 이미지는
더 깊이 가슴에 남는다.'

카네기 휴먼포인트 25

명령하지 말고 질문하라

소통하는 대화 속에 좋은 결과를 얻을 수 있는 방법은?
바로 직접적으로 명령하지 말고 질문이나 요청하는 것이다.

그 어떤 사람도 명령받기를 좋아하지는 않는다.
불가피한 상황에서도 명령보다는 요청,
강요보다는 '어떻게 하는 것이 좋은가'라고 질문하는 것이
올바른 해답을 찾을 수 있는 가장 빠른 길이다.
한마디로 질문이 올바른 답을 찾게 해준다.

사람들로 하여금 생각하게 만들고
좋은 아이디어 창출로 인해 구성원들의 참여도를
높일 수 있는 방법이 바로 질문이다.
특히 명령과 분노에 대한 거부감을 없애고
문제해결을 위한 창의성과 혁신을 자극할 수 있는 질문은
'Why, How'가 좋다.

'왜(Why)우리는 이 일을 하고 있는가?'
'이번 일에 대해 어떻게(How) 생각하는가?'
사람들은 자신이 새로운 일에 동참했다고 느껴질 때,
의사결정에 참여하게 될 때 그 일에
보다 적극적으로 참여하고자 하는 긍정적인 반응을 보이게 된다.

명령보다는 요청, 그리고 질문으로 대화를 시작하는 리더가 되자.
'이 문제를 효과적으로 해결할 수 있는 여러분의 생각은 무엇인가요?'

카네기 휴먼포인트 26

상대방의 자존심을 세워주라

자존심이 손상당할 때 기분은 어떨까?
다른 사람의 감정을 사려 깊게 살펴보는 사람은
그리 많지 않다.

상대방의 체면을 잃게 하여 자존심에 상처 주는 것은
그 사람의 존엄성을 무시하여 안 좋은 결과를 초래한다.
인간관계에선 내가 그 사람을 어떻게 생각하고 대하는가 보다,
그 사람이 자신을 어떻게 생각하고 있느냐 하는 것을
이해하는 것이 더 중요하다.

잘못을 저지른 대부분의 사람들은
자신이 중대한 실수를 했다는 사실을
누구보다 잘 알고 있기에 내 자신의 체면보다
상대방의 자존심을 세워줄 수 있는 사람이 되어보자.

'상대의 잘못은 가볍게, 실수는 부드럽게 표현하라.'
창조와 혁신은 실패를 통한 경험,
실수를 통한 자산에서 나온다는 교훈을 얻고 기억할 때
성숙한 태도로 업무에 대처할 수 있다.

초점을 실수에 맞추지 말고
그 사람이 얻은 것에 대해 주목을 한다면
상대의 기를 세워줄 뿐 아니라
서로 간에 신뢰를 통한 소통으로 성과증진에 도움이 되고
상대는 어떤 일도 마다하지 않고 당신을 도울 것이다.

카네기 휴먼포인트 27

동의는 진심으로, 칭찬은 아낌없이 하라

상대방의 태도에 긍정적인 영향을 미쳐
변화시키길 원하는가?

그렇다면 아주 작은 진전에도 진심으로
되도록 빨리 칭찬과 격려하는 자세를 가져보라.
인간의 잠재력은 비난 속에서 시들고
격려 속에서 피어나는 꽃과 같기 때문이다.

상대방의 가능성과 강점을 발견하고
새로운 일에 진전할 때마다
칭찬과 격려를 해주면 숨겨진 잠재력을 일깨워
성취감을 느끼게 할 뿐만 아니라 감동을 줄 수 있다.

강점은 강화하고 약점은 극복하게 만드는 것이
리더의 역할이며 그 중심엔 사랑이 필요하다.
사랑은 먹구름 속에 피어나는 무지개와 같다.
비평은 조용히 개인적으로, 칭찬은 공개적으로,
추상적인 칭찬이 아니라 구체적인 칭찬을,
즉시 그 자리에서 하는 것이 효과가 크다.

인간은 칭찬과 격려를 받을 때
아름다운 꽃을 피운다는 사실을 명심하자.

카네기 휴먼포인트 28

훌륭한 명성을 갖게 해주라

경쟁과 도전을 피하면서
실력과 능력을 잘 발휘하지 못하는
팀원의 행동을 바꾸는 중요한 원칙은?

자신이 지키고 싶은 훌륭한 이미지를 심어주면서
그 사람을 존중해 주는 데 있다.
자신이 하찮은 사람이거나 무시당한다고 느끼는 사람은
절대로 상대가 원하는 방향으로 행동하지 않는다.

함께하는 팀원들을 유심히 관찰하고 잘 살펴
상대방의 가능성을 발견하고 자주 말해주라.
가능성을 통해 실현할 수 있는 비전과 목표까지 제시한다면
그는 열정적으로 일을 하게 된다.

명성이란 스스로보다는 타인이 자연스럽게 해 주는 것이
더 가치가 있고 빛난다.
따라서 자신이 지키고 싶은 이미지에 대해
평판을 좋게 해주라.

에머슨의 말을 명심하자.
"훌륭한 명성은 젊은이들에게 광채를 주고,
나이 든 사람에게는 위엄을 가져다준다."

카네기 휴먼포인트 29

잘못은 쉽게 고칠 수 있다고 격려하라

타인의 마음을 사로잡고 싶은가?
그렇다면 타이밍에 맞게 아낌없이 격려하고
자신감을 갖도록 해보라.

가족이나 팀원들에게 그들이 능력이 없고
하는 일마다 잘못한다고 꾸짖게 되면
그들은 의욕을 상실하게 된다.

대부분은 자신을 무시하거나
비판하는 사람은 믿지 않고
용서 또한 하지 않는다.
반대로 어려운 상황에서도 자신을 격려해 준 사람은
늘 기억 속에서 잊지 않고 고마운 마음을 느끼게 된다.

약자는 기회를 기다리지만
강자는 기회를 만들어 간다.
리더라면 상대방의 실수를 강조함으로써
의욕을 꺾어버리는 잘못을 해서는 안 된다.

진정으로 다른 사람이 발전하도록 도와주길 원하는가?
잘하는 것과 진전된 성과에 대해 인정해주고
그의 가능성을 격려해주라.
실수를 자산으로 만들고, 실패에서 경험을 얻는 것이
리더가 되는 지름길이다.

카네기 휴먼포인트 30

당신의 제안을 상대가 기분 좋게 하도록 만들어라

사람의 행동이나 태도를 변화시킬 필요가 있을 때
훌륭한 지도자는 어떻게 할까?

그들은 가급적 자신의 이익은 잊어버리고
상대방에 대한 이익에 집중한다.
사람을 움직이게 하는 것은 비전이다.
서로에 대해 알면 알수록 비전을 향한
공동의 장을 발견하기는 쉬워진다.

이익을 상대방의 소망과 일치시켜라.
당신이 제안하는 일을 함으로써
상대가 얻게 될 이익에 대해 언급을 하게 되면
상대방은 기꺼이 그 일을 하게 될 것이다.
어떤 일을 시킬 때는 분명한 이유와
동기부여가 필요하기 때문이다.

〈카네기 휴먼포인트 30가지 원칙〉을 이해하고
하루에 하나씩이라도 실천해 나간다면
1년 동안 12번을 실천하게 된다.
자연스럽게 Learning by Doing,
습관화 되고 체득할 수 있게 되면서
실력과 인격을 갖춘 영향력 있는
매력적인 리더가 될 것이다.

Epilogue

모든 생명체는 호흡을 하고 있고 그것을 통해 우리는 생기를 느낄 수 있습니다. 생기(生氣)가 없는 생명체는 죽은 것과 다를 바 없고, 많은 생명체가 살아가기 위해 몸에 영양분을 공급하고 있습니다. 사람에게 있어 정신적인 측면에서 긍정적 에너지를 입력시키는 것은 매우 중요합니다.

밖으로 보이는 지식과 기술이 뛰어나도 마음을 열고 가슴으로 다가가지 못하면 외로운 길을 걷게 됩니다. 우리가 교육을 받고 훈련을 받는 것은 몸과 마음을 자유롭게 하기 위함입니다. 지식의 완성은 실천에 있고, 실천하는 모습을 통해 좀 더 자유로운 사람이 될 수 있습니다.
사람을 대할 때 지식, 기술 등 실력만 보여주려고 하지 말고, 마음의 문을 활짝 열고 내면의 소리로 다가선다면, 여러분 주위에 좋은 분들이 모여 있을 것입니다. 이 책의 글들은 바로 삶의 경험 속에 나온 것이라 더욱 애착이 갑니다.

'인생은 생각 그 자체'라는 카네기 책에 나오는 한 구절은 필자의 불우했던 어린 시절을 극복하는데 있어 긍정적인 영향을 미쳤습니다. 그리고 카네기 교육을 통해 박영찬 원장님과의 만남으로 이어져 비서실장으로 일하면서 다양한 교육경험을 통해 이번에 〈마음에 묻다〉라는 책을 공동집필하게 되어 영광으로 생각합니다.
시인이 되고 싶었던 인자라는 친구에게 시인이 되는 길을 안내하다가 필자가 먼저 시를 쓰면 그녀에게도 도움이 될 것 같아 이 책 또한 작은 선물이 되리라 생각합니다.

평소 필자의 멘토이자 존경하는 박영찬 원장님을 가까이 모시면서 인간관계와 리더십, 산업카운슬러, 인문학 등을 배울 수 있는 기회가 많았고, 이것이 시와 글쓰기 등에 영향을 미쳐 함께 집필할 수 있는 기회가 주어진 것이 개인적으론 도전이자 기회가 되었습니다.

이 책을 사랑하는 어머니를 위한 선물로 바치오니, 오래도록 건강하게 사셨으면 하는 마음입니다. 책이 나오는 데 도움이 된 사랑하는 가족들, 심통 친구들, 대학원 원우들에게도 감사드리며, 끝으로 필자가 좋아하는 에머슨의 시를 인용하며 글을 마감하고자 합니다.

"내가 태어나기 전보다 조금이라도 세상을 살기 좋은 곳으로 만들어 놓고 떠나는 것, 한 때 이곳에 살았음으로 해서 단 한사람의 인생이라도 행복해 지는 것, 이것이 진정한 성공이다."

2016년 1월 고은아

마음에 묻다

초판 1쇄 인쇄일 2016년 2월 3일
초판 1쇄 발행일 2016년 2월 15일

지은이 박영찬, 고은아
펴낸이 조준철
기획 박영숙
디자인·일러스트 이가을, 장지연
표지 사진 · 캘리그라피 오복식 (한국폴리텍대학 교수)

펴낸곳 도서출판 빅애플
주소 서울시 강남구 언주로 626, 1101호 (논현동, 논현로얄팰리스)
전화 02-544-2010
홈페이지 www.BigA.co.kr
출판등록 제393-2007-00001호

ISBN 978-89-98806-19-4 03810

* 책값은 뒤표지에 있습니다.